高年齢労働者の労務管理と戦略的活用法

社会保険労務士
川嶋 英明 [著]

日本法令

まえがき

　本書は「これからの高年齢労働者の労務管理」について書かれた本です。

　高年齢労働者の労務管理というと、以前であれば、現役世代の労務管理とはどこか切り離されたもの、という印象があったと思います。高年齢労働者の代表的な雇用慣行である、「定年退職後の再雇用を機に賃金を大幅に引き下げる」雇用慣行は、まさにその代表のような制度で、こちらは引退を間近に控えた労働者の負担や人件費を下げつつ、緩やかに引退してもらう制度であったといっても過言ではありません。

　しかし、現在の高年齢労働者の労務管理は、高年齢労働者のことだけを考えていればよい、というものではなくなっています。

　現在の日本の企業の多くは、日本全体の高齢化や人口減少に伴う慢性的な人手不足に陥っていますし、次世代への技術継承や事業継承の遅れといった問題にも直面しているからです。そして、こうした問題に会社が対応するにあたっては、高年齢労働者を有効に活用することで乗り越えられる場合というのが確実にあります。高年齢労働者を活用すること自体は一時しのぎだとしても、時間を稼ぐことで有効な対策を立てることができるからです。

　加えて、これまでの高年齢労働者の労務管理で一般的だった「定年退職後の再雇用を機に賃金を大幅に引き下げる」雇用慣行自体、いくつもの法令の改正を経て、現在では、以前のまま継続するのはかなり無理のある状況となってきており、仮に継続するにしても制度の見直しが必須という状況にあります。

　つまり、現在の高年齢労働者の労務管理というのは、社会情勢の観点からも、法制度の観点からも、大きな転換点を迎えているわけです。

以上を踏まえ、本書では、まず１章で、高年齢労働者の労務管理において特に大きなウェイトを占める定年制度を中心に、その歴史や制度の変遷、それに連なる現在の問題点を確認することで「これからの高年齢労働者の労務管理」の必要性を明らかにします。

　次の２章では、高年齢労働者の労務管理に関係する法制度について解説し、３章ではそうした法制度の中でも特に影響の大きい同一労働同一賃金について、詳細な解説を行います。

　４章から６章にかけては、１章から３章までで見た内容を踏まえつつ、具体的にどう「これからの高年齢労働者の労務管理」を進めていくかについて見ていきます。特に４章では、高年齢労働者の労務管理が高年齢労働者だけの問題ではないことを確認するため、こういった人事労務の実務書ではあまり触れられることのない「戦略と戦術」についても解説を行っていきます。その上で、４章では全体的な方針、５章では方針を踏まえた制度設計、６章では架空の会社を例にした具体例を見ていきます。

　最後の７章は、具体的な手続きや指針の解説といった、１章から６章の中に含めることのできなかったものの、高年齢労働者の労務管理に関連する内容となっています。

　なお、本書で、高年齢労働者という場合、基本的に60歳以上とさせてください。高年齢者雇用安定法の定義に従うのであれば、高年齢労働者というのは55歳以上の労働者を指すわけですが、企業の労務管理においては定年が60歳であることが多いこと、定年以降は通常の労働者とは異なる労務管理が行われることが一般的であることから、本書では高年齢労働者とは60歳以上であることを前提に解説を行っていきます。

社会保険労務士　川嶋英明

目　　次

第1章　高年齢労働者の労務管理の歴史と現状

1　高年齢労働者の労務管理と日本の雇用慣行 ················ 12
2　日本の定年制度の歴史 ·· 13
　　戦前に生まれた定年制度とその変遷 ···························· 13
　　戦後の定年制度と日本の法制度との関係 ···················· 14
　　同一労働同一賃金と人手不足 ······································ 18

第2章　高年齢労働者の労務管理と関連する現行の法制度

1　労務管理と定年制度 ·· 26
2　定年等に関連する制度 ··· 27
　　定年年齢 ··· 27
　　高年齢者雇用確保措置 ·· 27
　　高年齢者就業確保措置 ·· 28
3　有期雇用契約に関連する制度 ·· 32
　　同一労働同一賃金 ·· 32
　　無期転換ルール ·· 32
　　有期雇用特別措置法 ··· 34
4　年金等に関連する制度 ··· 36
　　特別支給の老齢厚生年金の支給開始年齢 ····················· 36
　　在職老齢年金 ··· 37
　　社会保険の加入対象の拡大 ·· 38
5　雇用保険等に関連する制度 ··· 40

3

目 次

　　雇用保険の加入と失業給付 ……………………………………………… 40

　　高年齢雇用継続給付 ……………………………………………………… 41

　　老齢厚生年金と雇用保険の調整 ………………………………………… 44

　　65歳以上の複数就業者の雇用保険加入 ……………………………… 46

6　フリーランス法と高年齢労働者 ……………………………………… 48

　　個人事業主は弱い立場にあるのが普通 ………………………………… 48

　　フリーランス法の概要 …………………………………………………… 49

　　個人事業主・フリーランスの労災保険 ………………………………… 52

第3章　同一労働同一賃金と高年齢労働者

1　従来の雇用慣行の正当性 ……………………………………………… 56

2　同一労働同一賃金とは ………………………………………………… 57

　　日本版同一労働同一賃金 ………………………………………………… 57

　　同一労働同一賃金と高年齢労働者 ……………………………………… 57

3　同一労働同一賃金に反した場合のリスク ………………………… 59

　　同一労働同一賃金以前の「正規と非正規の格差是正」との違い ………… 59

　　同一労働同一賃金と行政指導 …………………………………………… 60

　　低くなった労働者側のハードル ………………………………………… 61

4　日本版同一労働同一賃金における正規と非正規 ………………… 63

　　正規と非正規の定義 ……………………………………………………… 63

　　短時間・有期雇用労働者と通常の労働者 ……………………………… 64

5　均等待遇と均衡待遇 …………………………………………………… 66

　　労働条件等の相違と待遇差 ……………………………………………… 66

　　均等待遇と均衡待遇 ……………………………………………………… 66

　　パートタイム・有期雇用労働法と同一労働同一賃金 ………………… 72

　　ま と め …………………………………………………………………… 77

6　同一労働同一賃金ガイドライン …………………………………… 79

　　同一労働同一賃金ガイドラインの特徴 ………………………………… 79

　　基 本 給 …………………………………………………………………… 79

4

昇　　給	………………………………………………	83
賞　　与	………………………………………………	84
手当（家族手当、住宅手当、退職金以外）	……	85
家族手当、住宅手当、退職金	………………………	90
福利厚生	……………………………………………	91
そ の 他	……………………………………………	92

通常の労働者と短時間・有期雇用労働者との間に賃金の決定方法に違い
がある場合の取扱い …………………………………………… 93

7 同一労働同一賃金をめぐる最高裁判例 ……… 95

ハマキョウレックス事件と長澤運輸事件の最高裁判決 … 95

令和2年に最高裁判決の出た3つの事件 ……………… 104

名古屋自動車学校事件 …………………………………… 110

ま と め ……………………………………………… 113

8 ま と め ……………………………………… 117

見直すべきは諸手当から ………………………………… 117

同一労働同一賃金における高年齢労働者と他の非正規との違い …… 118

高年齢労働者とパートタイム・有期雇用労働法9条 …… 119

高年齢労働者の同一労働同一賃金まとめ …………… 120

第4章　高年齢労働者の労務管理と方針

1 高年齢労働者の労務管理の制度設計 ……………………… 124

2 会社全体の戦略と戦術 ……………………………………… 125

高年齢労働者の労務管理だけを考えていればよい時代は終わった …… 125

戦略と戦術 ………………………………………………… 125

マクロの視点とミクロの視点 …………………………… 127

3 高年齢労働者の労務管理の方針を決定する上で考慮すべき事項 … 129

人事戦略等の会社の事情に関連する事項 ……………… 129

労働者側の需要からみた考慮すべき点 ………………… 132

法令に関連する考慮すべき事項 ………………………… 137

目　次

4　高年齢労働者の労務管理の方針の決定	145
福祉的雇用	145
戦力としての雇用	146
決めるのはあくまで全体の方針	150

第5章　高年齢労働者の労務管理と制度設計

1　高年齢労働者の人事制度の在り方	154
2　人事制度と方針の関係	155
人事制度は方針の影響を受ける	155
人事制度の変更	156
3　人事制度ごとの課題1：一国二制度型雇用と同一労働同一賃金	158
労働条件その他の相違	158
相違に応じた待遇差（各種賃金項目の検討）	161
通常の労働者の賃金	166
4　人事制度ごとの課題2：制度統一と同一労働同一賃金	168
制度を統一するにあたって	169
ジョブ型雇用への転換を含む人事制度改革	172
5　その他、高年齢労働者の人事制度の設計に関連する事項	176
制度設計に関する事項	176
実際の運用等に関する事項	181

第6章　方針に基づく具体的な対応例

1　労務管理の見直しの検討	186
2　具体例①　高齢化が進む中小企業の定年延長・定年廃止	187
見直しを行う会社の概要	187
消極的な「戦力としての雇用」	187
高年齢労働者の労務管理よりも戦略の見直しが急務	188

6

まとめ ……………………………………………………………………… 189

3　具体例②　引き続き「福祉的雇用」を継続する場合 …………… 190

移行を行う会社の概要 …………………………………………………… 190

福祉的雇用の労働条件の落とし所を検討 ………………………………… 191

福祉的雇用と同一労働同一賃金 …………………………………………… 192

まとめ ……………………………………………………………………… 197

4　具体例③　福祉的雇用から「戦力としての雇用」への移行 …… 199

具体例②のＢ社に対し「戦力としての雇用」でアプローチ …………… 199

戦力としての雇用と労働条件の落とし所を検討 ………………………… 199

高年齢労働者の待遇の決定 ………………………………………………… 201

まとめ ……………………………………………………………………… 208

5　具体例④　65 歳超雇用の制度設計 ………………………………… 213

65 歳超雇用と戦力としての雇用 ………………………………………… 213

65 歳以前の制度と 65 歳超の制度 ……………………………………… 214

65 歳超雇用と賃金の原資 ………………………………………………… 216

年金の支給開始年齢と在職老齢年金 ……………………………………… 217

Ｃ社と 65 歳超雇用 ……………………………………………………… 218

6　具体例⑤　高年齢労働者の個人事業主化を想定した制度設計 … 220

労働者側の希望が前提 …………………………………………………… 220

制度設計 …………………………………………………………………… 220

フリーランス法 …………………………………………………………… 222

社会保険、労働保険、税務等 …………………………………………… 222

まとめ ……………………………………………………………………… 224

第7章　その他高年齢労働者の労務管理に関する諸事項

1　高年齢労働者の労務管理にかかわる手続きや省令 ……………… 228

2　第二種計画認定を受けるための手続きの流れ …………………… 229

3　高年齢者就業確保措置の詳細 ……………………………………… 234

行政による指導及び助言、勧告 ………………………………………… 234

7

高年齢者の健康及び安全の確保 ……………………………………………… 235

巻末付録

1 嘱託社員就業規則（福祉的雇用）……………………………………… 238
2 嘱託社員就業規則（戦力としての雇用）……………………………… 245
3 定年後再雇用者労働条件通知書 ……………………………………… 251
4 高年齢者等職業安定対策基本方針 …………………………………… 253
5 高年齢者就業確保措置の実施及び運用に関する指針 ……………… 272

● 凡　例 ●

高年齢者雇用安定法 ………………	高年齢者等の雇用の安定等に関する法律
パートタイム・有期雇用労働法 ………	短時間労働者及び有期雇用労働者の雇用管理の改善等に関する法律
有期雇用特別措置法 ………………	専門的知識等を有する有期雇用労働者等に関する特別措置法
労働者派遣法（派遣法）………	労働者派遣事業の適正な運営の確保及び派遣労働者の保護等に関する法律
同一労働同一賃金ガイドライン ………	短時間・有期雇用労働者及び派遣労働者に対する不合理な待遇の禁止等に関する指針
フリーランス法 ………………	特定受託事業者に係る取引の適正化等に関する法律

第 1 章

高年齢労働者の
労務管理の歴史と現状

1 高年齢労働者の労務管理と日本の雇用慣行

　これからの高年齢労働者の労務管理とそれに対し企業が取るべき対応を検討する前に、まずはこれまでの日本の高年齢者の雇用に関連する歴史や制度の変遷について振り返っておきたいと思います。

　本書は定年と高年齢者の雇用に関連する歴史やその変遷を解説するものではありませんが、一方で、その歴史や制度の変遷を知ることは、今後起こり得る高年齢労働者の労務管理の変化を考える際、想像を容易にし、予想の精度を高めることに繋がります。また、変化への対応がどこかの時点で止まってしまっている企業からすると、その企業が今現在どの段階にいるのかを確認することで、その後の対応の取っかかりとすることもできるでしょう。

　日本の高年齢者の雇用に関連する歴史や制度の変遷の中で、特に欠かすことができないものといえば定年退職と再雇用制度です。実感されている人も多いと思いますが、これらの制度を取り巻く環境というのはここ数年で大きく変わっており、それに伴い様々な問題が発生しています。

　そのため、まずは日本の定年制度がどのように形作られ、現在のものへと発展していったのかを押さえた上で、今現在何が起こっているかについて見ていきます。

2 日本の定年制度の歴史

戦前に生まれた定年制度とその変遷

　日本の定年制度は19世紀後半に始まったといわれており、定年について記録が残っているもののうち、最も古いものは明治20年（1887年）制定の海軍火薬製造所の規定です。こちらの規定では「原則55歳」を定年年齢とする一方で、「技業熟練」かつ「身体強壮」であれば雇用延長も行うという内容になっていました。

　定年年齢が「原則55歳」というのは、現代の感覚ではとても早いように感じてしまいますが、当時の平均寿命は45歳前後。そのため、他の企業でも労働者の老衰を考慮し、当時は定年年齢は50歳から55歳に設定されることがほとんどとされていました。

　これが20世紀に入ると、定年の意味合いが徐々に変わっていきます。というのも、この頃になると多くの産業で生産量が増大、これに伴い企業規模の拡大及び従業員数の増加が見られたため、企業が個々の労働者に退職を促すことが難しくなっていました。結果、寿命等への考慮ではなく、個別に退職を促すという手間を省くために、一定の年齢で退職を強制することができる定年制度が活用されるようになったわけです。その一方で、必要な部署の人材を定年後も残すという「再雇用制度（現在のものとは意味が異なり、こちらは部門別の定年停止制度というべきもの）」も行われていました。

　このように、戦前の時点で、すでに現在のものに近い定年制の枠組みができはじめていたわけですが、第二次世界大戦が始まると、徴兵による労働力不足を補うため定年後の再雇用制度が活用されたり、定年制度自体が中止されたりしました。加えて、大多数の労働組合が解

13

体されたことによって、戦前に形成された定年制度はここで一度途絶えてしまいます。

そして、第二次世界大戦終戦後、各企業は徴兵されていた人たちの復員等による過剰雇用の問題に直面します。加えて、戦後の労働運動の発展により力を増していた労働組合は企業に対し電算型賃金体系（※）を提案、企業がそれに伴う賃金コストの上昇に苦しむ一方で、組合の力の強さにより安易な人員整理もできない状況にありました。

こうした中で、一部の労働組合では定年制度の確立を要求するところがありました。これは定年制度が持つ雇用保障機能、つまりは、定年年齢までは必ず雇用しなければならない、という機能を組合側が重視したからです。また、企業の立場からしても、一定の年齢での解雇という側面を持つ定年制度は、電算型賃金体系により高騰し続ける人件費の高騰を防ぐことのできるものでした。

結果、1950年代には、組合の力が強い企業を中心に年功型人事管理制度とともに55歳定年制が普及していきます。

※　電産協が昭和21年（1946年）の産別十月闘争によって獲得した賃金体系のことで、(1) 経営者による査定権の介入を排し勤続年数や家族数などの客観的指標等によって賃金を決定する「年功的平等主義」、(2) 賃金総額の約80％を生活保障給で充当するよう構成し、企業の生産性に左右されない最低生活を保障する「生活給思想」、(3) 企業の枠をこえて同一産業労働者の生活保障を志向する「産業別横断賃金論」という3つの特徴を持つ（出典：世界大百科事典第2版（株式会社平凡社））。

戦後の定年制度と日本の法制度との関係

ここまででわかるように、日本の定年制度の確立、定着に至るにあたっては、法による強制はほとんどありませんでした。

一方で、昭和29年（1954年）に全面改正された厚生年金保険法で

年金の支給開始年齢が60歳に繰り延べられると、当時定着していた55歳定年制との間に乖離が生じました。結果、その後、長期にわたって定年年齢の延長は労使間での交渉対象となっていきます。

年金制度に限らず、戦後の定年制度は、戦前とは比べものにならないほど、国の定める法制度の影響を大きく受けることになります。これは少子高齢化による人口構造の変化や、高齢者の労働に関する意識の変化など、社会情勢の変化に国が対応しようとした結果です。

そのため、ここからは日本の定年制度と法律との関係を中心に見ていきます。

① 努力義務から始まった60歳定年の義務化

現在の日本の高年齢労働者の労務管理を語る上で欠かすことのできない「高年齢者雇用安定法」は、それまでの中高年齢者等雇用促進法を改正する形で、昭和61年（1986年）に制定されました。本法でもっとも注目すべきは「定年年齢が60歳を下回らないこと」を努力義務として定めた点です。高年齢者雇用安定法が制定される以前も、定年に関しては指針や助成金による延長の促進が行われてきました。しかし、努力義務とはいえ法律で定年年齢を定めたのはこれが初めてとなります。また、平成2年（1990年）の改正では、定年年齢の努力義務に加えて65歳までの継続雇用が努力義務とされます。

そして、平成6年（1994年）の改正でついに定年年齢を定める場合、60歳以上とすることが義務化されます（施行は平成10年（1998年））。この改正は、同じ年に改正された雇用保険法と厚生年金保険法と併せてのものであり、加えて、どちらの法改正も、定年年齢の義務化と同じかそれ以上に、高年齢労働者の労務管理に大きな影響を与えるものでした。

というのも、まず雇用保険法では、60歳前と比較して60歳以降の賃金が下がった場合の所得補填の給付である高年齢雇用継続給付が新設、翌平成7年（1995年）より制度が開始されています。

一方、厚生年金保険法の改正では、まず60歳台前半の老齢厚生年金の定額部分の支給開始年齢の引上げが決定されました。その結果、平成13年度～平成24年度（女性は平成18年度～平成29年度）にかけて60歳から65歳へと段階的な引上げが行われました。ただし、60歳台前半の老齢厚生年金は定額部分と報酬比例部分の2階建てとなっているため、定額部分の支給開始年齢が引き上げられたとしても、この時点では60歳台前半の老齢厚生年金自体の支給がなくなることはありませんでした。

また、この年は、在職老齢年金についても改正が行われており、それまでの在職中の労働者の標準報酬月額に応じて年金の支給割合を変更するという方式から、賃金の増加に応じて賃金と年金額の合計額が緩やかに増加する方式に改められています。これは改正前の方式だと、賃金が増えても賃金と年金の合計額が増えないどころか、合計額が減る可能性があったことを踏まえたものです。ただし、この段階では、賃金や年金の額にかかわらず、年金額の2割を一律支給停止する措置も併せて取られていました。この新たな在職老齢年金もまた平成7年（1995年）より施行されています。

年金制度については平成11年（1999年）にも改正が行われており、この改正では厚生年金の定額部分に続き、報酬比例部分の支給開始年齢についても60歳から65歳に、段階的な引上げが決定されました。こちらの実施期間は平成25年度（女性は平成30年度）から令和6年度（女性は令和11年度）までとなっています。

② 高年齢者雇用確保措置と在職老齢年金

　平成 12 年（2000 年）に行われた高年齢者雇用安定法の改正では、65 歳までの雇用確保措置が努力義務として定められました。そして、平成 16 年（2004 年）の改正では、その内容に一部手を加え「①定年年齢の引上げ、②継続雇用制度の導入、③当該定年の定めの廃止」のいずれかを講じなければならないと定められました。現在まで続く高年齢者雇用確保措置の枠組みがここで完成したわけですが、この時点では、継続雇用制度を導入する場合、労使協定を締結することで、対象となる労働者を一定の基準で選抜することができました。

　そして、同じく平成 16 年（2004 年）には厚生年金保険法が改正されており、在職老齢年金に関して、賃金の増加に応じて賃金と年金額の合計額が緩やかに増加するという方式はそのままに、年金額の一律 2 割の支給停止が廃止されました。

　これらの改正を施行された年でみると、65 歳までの雇用確保措置に関する改正法の施行が平成 18 年（2006 年）、在職老齢年金に関する改正法の施行が平成 17 年（2005 年）、これらに加えて、雇用保険の高年齢雇用継続給付については平成 15 年（2003 年）に給付率の変更が行われています。

　こうして、2000 年代半ばに制度が固まった「60 歳定年の義務化及び高年齢者雇用確保措置」、「在職老齢年金」、「高年齢雇用継続給付」の 3 つの制度により、高年齢労働者の雇用管理は、おおまかに以下のとおりとなりました。

　まず、働きながら年金をもらう場合、在職老齢年金制度により、賃金と年金額の調整が行われ、賃金額によってはもらえる年金額の一部又は全部が支給停止されることがあります。どの程度調整が行われるかは人によりますが、賃金が多ければ多いほど、年金額が大幅に調整されるのは間違いありません。そのため、せっかくもらえる年金を減らされたくない、あるいは定年後はある程度仕事をセーブしたいと労働者が考える場合、賃金を引き下げる方向にインセンティブが働きま

す。加えて、60歳以後に賃金を引き下げると、高年齢雇用継続給付により、雇用保険制度から労働者は給付を受けることができます。

　一方、会社の立場から見た場合、国の制度である年金や高年齢雇用継続給付を理由に賃金を下げ、人件費を節約できるのですから、これらの制度を利用しない理由はありません。

　こうした各制度の構造や労働者、会社の考えが上手くかみ合うことで、60歳で定年後、労働者を再雇用する際に賃金を大きく引き下げて、65歳まで雇用する、という雇用管理が成立したわけです。

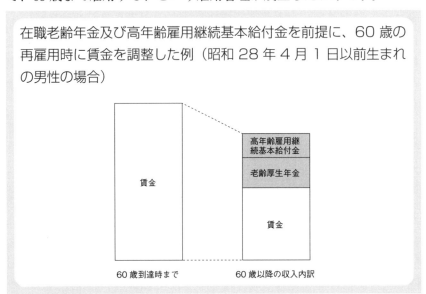

在職老齢年金及び高年齢雇用継続基本給付金を前提に、60歳の再雇用時に賃金を調整した例（昭和28年4月1日以前生まれの男性の場合）

同一労働同一賃金と人手不足

① 老齢厚生年金の支給開始年齢引上げと定年後再雇用

　これらの制度はそれぞれが役割を補完する形でしばらくは均衡を保っていました。しかし、平成24年（2012年）の高年齢者雇用安定法の改正による希望者全員を対象とする65歳までの雇用確保措置の義務化と、平成25年（2013年）からの老齢厚生年金の報酬比例部分

の支給開始年齢の引上げによりに、企業はこれまでの高年齢労働者、特に定年後に再雇用されて働く高年齢労働者（以下、定年後再雇用者）の労務管理を見直さざるを得なくなりました。

支給開始年齢の引上げにより、60歳から年金がもらえなくなると、60歳の定年退職の段階で賃金を引き下げた場合、高年齢雇用継続基本給付金はもらえても、老齢厚生年金の報酬比例部分がもらえるまでに最低でも1年以上、空白期間が生まれるようになったからです。

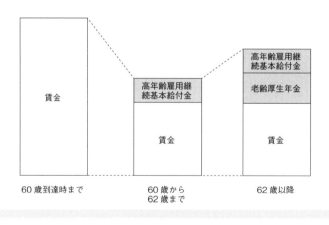

在職老齢年金及び高年齢雇用継続基本給付金を前提に、60歳の再雇用時に賃金を調整した例（昭和30年4月2日～昭和32年4月1日生まれの男性の場合）

つまり、昭和28年4月1日以前に生まれた人たちは60歳から65歳までの生活を「賃金と年金と高年齢雇用継続基本給付金」の三本柱で生活を支えられたのが、昭和28年4月2日以降に生まれた労働者は、老齢厚生年金の報酬比例部分がもらえるまでの間は、賃金と高年齢雇用継続基本給付金の2つしか柱がない、という状況になってしまったわけです。

② 定年後再雇用と同一労働同一賃金

　当然、労働者側にはこうした状況に不満を持つ者が出てきます。中には、99 ページで解説する長澤運輸事件や名古屋自動車学校事件のように、定年後再雇用を理由に賃金を引き下げるのは不当であると裁判にまで発展するケースも出ました。

　そして、こうした流れに拍車をかけたのが同一労働同一賃金です。

　2020 年の改正法施行により、パートタイム労働法から改称されたパートタイム・有期雇用労働法（と労働者派遣法）によって導入された日本の同一労働同一賃金というのは、端的に言えば「正規と非正規の格差是正」を目的とした制度となります。

　一方、高年齢労働者のうち、定年後に再雇用されて働く者については、再雇用時の契約が有期雇用契約であることが大半です。日本の同一労働同一賃金では、短時間労働者もしくは有期雇用労働者を非正規労働者と考えるため、こうした定年後再雇用者もまた非正規労働者と考えます。つまり、定年後再雇用者もまた同一労働同一賃金の対象者に含まれるわけです。

　定年後再雇用を機に賃金を引き下げること自体は現在でも違法ではありません。

　しかし、定年前の正規だった頃の労働条件や待遇と、定年後再雇用時に非正規となった際の労働条件や待遇との間に不合理と認められるような格差がある場合、それは「正規と非正規の格差是正」の対象となり、そのままにしていると同一労働同一賃金に反してしまいます。

　つまり、パートタイム・有期雇用労働法の施行以降、会社は高年齢労働者、特に定年後再雇用者の労働条件や待遇等を決定するにあたって、この同一労働同一賃金を避けて通れなくなったわけです。

③ 人手不足と高年齢労働者の活用

　一方で、これまでとは全く異なる問題も出てきました。人手不足です。

2　日本の定年制度の歴史

　2010 年代中盤以降は、リーマンショックからの経済的な回復、団塊の世代の引退、人口減少による労働力の減少等、様々な要因が重なり、日本全体が慢性的な人手不足に陥っています。人手が足りないとなると、定年を迎えたからといって、会社は高年齢労働者をおいそれと引退させることはできません。引退させてしまうと会社の存続にかかわるからです。

　つまり、現在の高年齢労働者の労務管理の問題というのは、「法制度の関係から一定の年齢まで雇用しないといけないという義務の問題」と、「年功序列型賃金により高騰した高年齢労働者の賃金を同一労働同一賃金に配慮しつついかに引き下げるかという問題」、さらに「労働力として高年齢労働者をいかに確保するか」という問題が複雑に絡み合っているわけです。しかも、これらは会社によって、どれがより重要かが変わってくる問題でもあります。

　言い換えれば、現在の高年齢労働者の労務管理の問題というのは、すべての会社に共通の答えのようなものがあるわけではなく、会社ごとの実態と今後の経営計画に基づいた対応が必要な時代になったといえるでしょう。

21

第 1 章　高年齢労働者の労務管理の歴史と現状

■高年齢労働者にまつわる法改正

	高年齢者雇用安定法及びパートタイム・有期雇用労働法	年金制度及び雇用保険制度
1986 年	定年年齢が 60 歳を下回らないようにすることが努力義務化	—
1990 年	65 歳までの継続雇用が努力義務化	—
1994 年	定年年齢が 60 歳を下回らないようにすることが義務化（1998 年施行）	・在職老齢年金の方式が変更（1995 年施行） ・厚生年金の定額部分の支給開始年齢を 60 歳から 65 歳へ引上げ（実施は 2001 年〜2013 年にかけて） ・雇用保険で高年齢雇用継続給付が新設（制度の開始は 1995 年）
1999 年	—	厚生年金の報酬比例部分の支給開始年齢を 60 歳から 65 歳へ引上げ（実施は 2013 年〜2025 年にかけて）
2000 年	65 歳までの雇用確保措置の努力義務化	—
2003 年	—	高年齢雇用継続給付の給付率の変更（25%から 15%）
2004 年	65 歳までの雇用確保措置の義務化（2006 年施行）	在職老齢年金の一律 2 割の支給停止が廃止（2005 年施行）
2012 年	希望者全員の 65 歳までの継続雇用制度の導入が義務化（2013 年施行）	—

2　日本の定年制度の歴史

	高年齢者雇用安定法及びパートタイム・有期雇用労働法	年金制度及び雇用保険制度
2020 年	同一労働同一賃金を定めたパートタイム・有期雇用労働法が施行	―
2021 年	高年齢者就業確保措置の努力義務化	―
2022 年	65 歳以上の複数就業者の雇用保険加入が可能に	・60 歳台前半の在職老齢年金制度の見直し ・社会保険の加入対象の拡大（101 人以上）
2024 年	―	社会保険の加入対象の拡大（51 人以上）
2025 年	―	・男性の老齢厚生年金の支給開始年齢が原則である 65 歳に ・高年齢雇用継続給付の縮小

第 2 章

高年齢労働者の労務管理と
関連する現行の法制度

労務管理と定年制度

　ここまでは高年齢労働者の労務管理の歴史や、高年齢労働者にかかわる法制度の変遷について見てきました。では、令和7年度時点での、高年齢労働者の労務管理に関連する制度はどのようになっているのでしょうか。

　第1章で見たとおり、法制度が与える高年齢労働者の労務管理への影響は非常に大きなものがあります。また、高年齢労働者の労務管理についてどのような対応を取るにしろ、法律に違反していては元も子もありません。そのため、第2章では高年齢労働者の労務管理に関連する法制度の紹介と解説を行っていきます。

　なお、本章ではあくまで各制度の解説に留め、各制度の内容を踏まえた、高年齢労働者の労務管理に向けた具体的な対応策については第4章で見ていきます。

2 定年等に関連する制度

　高年齢労働者の労務管理を考える上で、まず押さえておかないといけないのが高年齢者雇用安定法です。高年齢者雇用安定法では、定年退職制度を定める際の定年年齢の制限や65歳までの雇用確保といった、会社の高年齢労働者の労務管理に大きな制限を与える定めがなされているため、会社はこれを無視して定年後再雇用者の制度設計を行うことはできません。

定年年齢

　法律上、定年退職制度を定めることは会社の義務ではありません。そのため、定年退職制度を定めない、ということは法律上問題ないわけです。
　一方で、会社が定年退職制度を定める場合、定年の年齢を60歳未満に設定することはできません。つまり、60歳や65歳を定年年齢とすることはできても、55歳や58歳を定年年齢とすることはできないということです。

高年齢者雇用確保措置

　高年齢者雇用安定法では、雇用する高年齢労働者の65歳までの安定した雇用を確保するため、会社は以下のうち、いずれかの措置を講ずることが義務づけられています。

第 2 章　高年齢労働者の労務管理と関連する現行の法制度

---

1. 65 歳以上までの定年の引上げ
2. 希望者全員を対象とする 65 歳までの継続雇用制度（勤務延長制度もしくは再雇用制度）の導入
3. 当該定年の定めの廃止

　上記のうち 2. の継続雇用制度には、定年で退職とせず引き続き雇用を続ける勤務延長制度と、定年で一旦退職とした上で新たに労働契約を結ぶ再雇用制度があります。

　勤務延長制度の場合、定年前の労働契約をそのまま延長するだけで、通常、労働条件等は変更されません。一方、再雇用制度では、定年で一度労働契約を終了して、新たに労働契約を結ぶことになるため、その際に定年後の労働条件等を見直すのが普通です。

　なお、希望者の継続雇用を行うにあたっては、自社で継続雇用するほか、一定の要件を満たす特殊関係事業主（グループ会社の事業主）の元で継続雇用する場合も認められます。

　その他、継続雇用制度の注意点として、平成 25 年 4 月 1 日より前に継続雇用制度の対象者の基準を労使協定で設けている場合、希望者全員ではなく、基準に基づいて、それに当てはまる人だけを継続雇用する、ということが可能となっていました。しかし、こちらの経過措置は令和 6 年度末で終了しているため、まだ就業規則等にこうした制度が残っている場合は、速やかに削除する必要があります。

高年齢者就業確保措置

① 高年齢者就業確保措置の概要

　高年齢者雇用確保措置に加えて、現在は 65 歳から 70 歳までの安定した雇用または就業を確保するための「高年齢者就業確保措置」の実施が事業主の努力義務とされています。

高年齢者雇用安定法で定められている高年齢者就業確保措置は以下のとおりです。

---

1. 当該定年の引上げ
2. 65歳以上継続雇用制度（現に雇用している高年齢労働者等が希望するときは、当該高年齢労働者をその定年後等に引き続いて雇用する制度をいう。）の導入
3. 当該定年の定めの廃止
4. 創業支援等措置

上記のうち1.、2.、4.については高年齢者の70歳までの雇用または就業を確保するものである必要があります。

加えて、2.の65歳以上継続雇用制度については、65歳以降もその会社で継続雇用する制度以外に、65歳以降の高年齢者を、特殊関係事業主（グループ会社の事業主）以外の他の事業主が引き続いて雇用する制度も認められます。

なお、高年齢者就業確保措置では、高年齢者雇用確保措置とは異なり、定年の延長及び廃止以外の措置について、対象となる高年齢者の基準を定めることが可能です。対象者の基準についても、法律上は特に定めはなく、指針においても、対象者の基準については、「労使間で十分に協議の上」という前置きはあるものの、各会社の実情に合わせて定めるものとし、原則としてその内容は労使に委ねられています。

また、高年齢者就業確保措置に関しては、高年齢者雇用確保措置の時点で高年齢者就業確保措置と同等か、あるいはそれ以上の措置をすでに実施している場合はこの限りではありません。高年齢者雇用確保措置の段階で定年年齢を70歳まで引き上げていたり、定年そのものを廃止していたりする場合がこれに当たります。

29

② 創業支援等措置

　基本的に高年齢者雇用確保措置の延長的な内容が多い高年齢者就業確保措置ですが、高年齢者雇用確保措置には類似のものがないものもあります。それが創業支援等措置です。

　創業支援等措置とは、過半数労組または過半数代表者の同意を得た上で、雇用以外の形を含む支援、例えば業務委託契約等により70歳までの就業を確保する措置をいい、法律では以下のように定められています。

---

1. 高年齢者が希望する場合で、当該高年齢者が新たに事業を開始する場合に、事業主が、当該事業を開始する当該高年齢者（創業高年齢者等）との間で、当該事業に係る委託契約等を締結し、当該契約に基づき当該高年齢者の就業を確保する措置
2. 高年齢者が希望する場合で、以下の事業について、当該事業を実施するものが、当該高年齢者との間で、当該事業に係る委託契約その他の契約を締結し、当該契約に基づき当該高年齢者の就業を確保する措置
   ① 当該事業主が実施する社会貢献事業
   ② 法人その他の団体が当該事業主から委託を受けて実施する社会貢献事業
   ③ 法人その他の団体が実施する社会貢献事業であって、当該事業主が当該社会貢献事業の円滑な実施に必要な資金の提供その他の援助を行っているもの

※　社会貢献事業とは社会貢献活動その他不特定かつ多数のものの利益の増進に寄与することを目的とする事業をいいます。

　上記のうち1. については、フリーランス化もしくは起業する高年齢者（創業高年齢者等）と会社が委託契約等を結び、会社がその創業

高年齢者等に対して報酬を支払うことで就業を確保するものをいいます。両者の間で結ばれる契約は、必ずしも委託契約でなくてもよいものの、労働契約については認められません。

一方、2. は高年齢者が個人での社会貢献活動への参加を希望する場合に、会社もしくはその他法人が実施する社会貢献事業に参加させることで、当該高年齢者の就業を確保する措置をいいます。

創業支援等措置として認められる社会貢献事業の運営のパターンには「①会社が直接行っている場合」「②会社が別の法人等に委託している場合」「③別の法人等が実施しているものに対し、会社が資金提供や援助等を行っている場合」の3つがあります。高年齢者が①から③のいずれの社会貢献事業に従事する場合も、高年齢者と社会貢献事業が結ぶ契約が労働契約では認められない点は1. と同じです。②と③については、会社と社会貢献事業を実施するものとの間で、当該高年齢者に当該業務に従事する機会を提供することを約する契約が締結されている必要があります。

また、ここでいう社会貢献事業について、指針では「社会貢献活動その他不特定かつ多数の者の利益の増進に寄与することを目的とする事業である必要があり、特定又は少数の者の利益に資することを目的とした事業は対象とならない」とする一方で、「特定の事業が不特定かつ多数の者の利益の増進に寄与することを目的とする事業に該当するかについては、事業の性質や内容等を勘案して個別に判断される」としています。

このように、社会貢献事業については指針の段階においても曖昧な部分が残る上に、ある事業が社会貢献事業に当たるかどうかは「個別の判断」となるということは、実際の実施においては当局への確認が不可欠といえます。

3 有期雇用契約に関連する制度

　日本の雇用慣行では、定年後に再雇用される場合、高年齢労働者の多くは有期の雇用契約を結ぶ非正規労働者になります。日本の法制度では有期雇用労働者を対象とする制度がいくつかあり、有期雇用労働者となった高年齢労働者も当然、その対象となります。そのため、以下では、有期雇用労働者を対象とするもののうち、高年齢労働者の労務管理に影響のあるものについて見ていきます。

同一労働同一賃金

　短時間労働者だけを対象としていたパートタイム労働法は、令和2年の改正で、有期雇用労働者も併せて対象とするパートタイム・有期雇用労働法へと変更されましたが、この変更と併せて導入されたのが同一労働同一賃金です。

　同一労働同一賃金については、高年齢労働者の労務管理に及ぼす影響が他よりも大きく、制度自体も考慮すべき点が多い上、現在進行形で同一労働同一賃金に関する様々な裁判例も出ています。そのため、詳細については第3章で解説します。

無期転換ルール

　有期の雇用契約が同一の使用者との間で通算5年（※）を超えて更新された場合、労働者は、その申込みにより無期雇用契約に転換が可能です。これを一般には無期転換ルールといいます。

　この無期転換の申込みができるのはパート、アルバイト、契約社員

などの名称は問わず、契約期間に定めのある労働者で、契約期間が通算で5年を超えた場合には、無期転換の申込みを会社にすることが可能となります。

無期転換申込権を持つ労働者から申込みがあった場合、会社はこれを拒否できません。

一方で会社は、無期転換申込権を持つ労働者が無期雇用契約になることを望まず、その申込みをしない場合にまで、労働者を無期転換する必要はありません。また、無期転換後の労働条件に関しては、契約期間を無期とすれば問題なく、正社員とする必要まではありません。

なお、実際に労働者の無期転換申込権が発生するのは契約期間が通算で5年を超えた後ではなく、通算契約期間が5年を超える契約期間中に発生します。

例えば、1年ごとの更新の場合、5回目の契約更新の後の契約期間に無期転換申込権が発生しますが、3年ごとの更新の場合、初回の3年契約が終わった後、更新した次の契約期間中から当該労働者は無期転換の申込みをすることが可能です。

※　契約期間の途中に空白期間がある場合、その空白期間の長さが直前の契約期間の半分以上あると、空白期間前の期間は通算されません。例えば、空白期間前の契約期間が1年の場合、6カ月以上の空白期間がある場合、空白期間前の期間は通算されません。（空白期間の最長は6カ月。なお、1カ月未満の端数が出た場合は1カ月単位で切上げ）。

契約期間が1年の場合

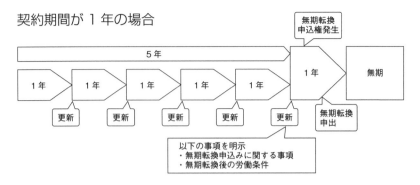

契約期間が3年の場合

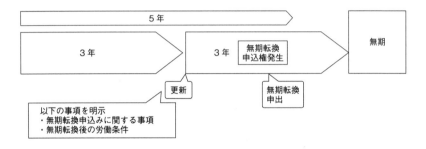

有期雇用特別措置法

① 有期雇用特別措置法の概要

　無期転換ルールについては、制度が定められた当初は、対象労働者に一切の制限がありませんでした。しかし、これだと、定年後に再雇用されて有期雇用労働者となった高年齢労働者の通算契約期間が5年を超えた際に、一度定年退職して有期雇用となったはずの労働者が再び無期雇用労働者になる可能性が出てきます。

　その他にも無期転換ルールに関しては運用上、不都合な点があったこともあり、これを修正するため、平成27年（2015年）に施行されたのが有期雇用特別措置法です。

　この有期雇用特別措置法では、有期雇用の定年後再雇用者が再び無

期雇用労働者となることがないよう、会社が都道府県労働局長から認定（第二種計画認定）を受けた場合に限り、定年に達した後、引き続き雇用される有期雇用労働者に関しては無期転換ルールの対象外とすることが定められました。

なお、通常、定年後の再雇用は60歳で定年退職し、65歳まで継続雇用されます。この場合であれば、契約期間はちょうど5年となるため、無期転換ルールの対象にはなりません。しかし、何らかの理由で少しでも契約期間を延長すると、労働者の申込次第で定年のない無期雇用、つまり、真の意味での終身雇用が発生するため、念のため、第二種計画認定を受けておくのが一般的です。

② 第二種計画認定の対象とならない場合

第二種計画認定の対象となるのは、あくまで正社員などの無期雇用労働者が定年に達した後に、同一の使用者に引き続き雇用される有期雇用労働者に変わった場合に限られます。

そのため、例えば、60歳以降に有期契約で雇用されて通算契約期間が5年を超えた場合や、定年前から有期雇用労働者で、正社員の定年年齢を挟んで通算契約期間が5年を超えた場合などは第二種計画認定の対象とはならず、無期転換申込権が発生します。

そのため60歳以上の労働者を中途で雇用する場合などは注意が必要です。

4 年金等に関連する制度

　一昔前までは、高年齢労働者、特に定年後再雇用者の労務管理を考える上で、老齢厚生年金は避けて通ることのできないものでした。定年退職後に、新たに労働契約を締結し直す一番の理由は、定年前から賃金を大きく引き下げることにあったわけですが、その引き下げる賃金額の基準の一つとなっていたのが老齢厚生年金だったからです。

　しかし、現在では、老齢厚生年金の支給開始年齢の引上げや在職老齢年金の調整額の基準の引上げなどにより、以前ほどの重要性はなくなっています。ただ、それでも年金に対する労働者の関心は高く、また、高年齢労働者の労務管理において注意すべき点も存在しているので、以下ではその解説を行います。

特別支給の老齢厚生年金の支給開始年齢

　老齢厚生年金は 65 歳からの支給が原則です。しかし、過去の厚生年金保険法では 60 歳から老齢厚生年金が支給されていたこともあり、経過措置として、支給開始年齢を徐々に引上げつつも、長らく、60 歳台前半の老齢厚生年金（特別支給の老齢厚生年金）の支給が続けられてきました。

　しかし、長期にわたって行われてきた支給開始年齢の引上げも、ついに原則に追いつき、令和 7 年度からは男性の老齢厚生年金の支給開始年齢は 65 歳となっています（女性は 5 年後の令和 12 年度から）。

在職老齢年金

　在職老齢年金とは、働きながら年金をもらう場合に、勤務先での賃金及び賞与に応じて、年金額を調整する制度で、基本的に賃金や賞与と年金額の合計が大きくなればなるほど、支給停止される年金額は大きくなり、場合によっては全額支給停止となります。

　なお、在職老齢年金では、支給停止額の計算を行うにあたって、以下のように、勤務先での賃金や賞与を「総報酬月額相当額」、年金額を「基本月額」に換算して計算を行います。

基本月額 ＝ 老齢厚生年金の額（加給年金は除く）÷ 12
総報酬月額相当額 ＝ 標準報酬月額（※１）＋（その月以前１年間の標準賞与額（※２）の総額 ÷ 12）

※１　毎月の賃金等の報酬を区切りのよい幅で区分したもの。保険料の計算や年金額の計算に使用されます。
※２　標準報酬月額と同じく、保険料の計算や年金額の計算に使用されるもの。基本的には支給された賞与額がそのまま標準賞与額となりますが、標準賞与額には上限が設定されており、それを超える場合は、上限額が標準賞与額となります。

　以下の表のとおり、基本月額と総報酬月額相当額の合計額が「51万円」を超えるかどうかで、年金額の調整が行われるかどうかが決まり、これを超える場合は、計算式により、どの程度の年金額が支給停止されるかが決まります。

　なお、以下の表の「51万円」という数字は「支給停止調整変更額」というものに当たり、物価変動などにより、年度によって１万円単位で変動することがあります。51万円という数字は令和７年度の額です。

要件	支給額
基本月額と総報酬月額相当額の合計が51万円以下	調整なし（全額支給）
基本月額と総報酬月額相当額の合計が51万円超	基本月額－（総報酬月額相当額＋基本月額－51万円）÷2

　なお、在職老齢年金については、令和7年の通常国会にて、調整の基準となる額を「62万円」とする年金改革法案が提出される予定となっています。

社会保険の加入対象の拡大

　現行の社会保険制度では、各事業所が特定適用事業所に該当するか否かで、社会保険の加入条件が変わります。ここでいう特定適用事業所とは、社会保険の被保険者の数が51人以上の会社、もしくは任意で特定適用事業所の申出をした会社のことをいいます。

　特定適用事業所であるかそうでないかによる、社会保険の加入条件の違いは以下のとおりです。

特定適用事業所	特定適用事業所以外
1．1週間の所定労働時間が20時間以上 2．月額賃金8.8万円以上 3．学生でない 以上のすべての要件を満たす場合	1週の所定労働時間及び1カ月の所定労働日数が通常の労働者の4分の3以上

　特定適用事業所のほうが様々な条件がついているものの、週の所定労働時間の下限が低いことから、社会保険には加入しやすくなっている、あるいは加入しないといけなくなっているのは間違いありません。

　　　　　　　　　　　　　　　　　　　　4　年金等に関連する制度

　なお、在職老齢年金同様に、社会保険の加入対象の拡大について
も、令和7年の通常国会に提出予定の法案にて、将来的な特定事業所
の人数要件の撤廃の他、月額賃金8.8万円以上の収入要件の撤廃、非
適用業種の解消（※）が予定されています。

※　現行では個人事業所のうち、社会保険の非適用業種については従業員
　数に関係なく、社会保険の適用は任意とされていますが、審議会で議論
　されているのは、非適用業種か適用業種かに関係なく、個人事業所で5
　人以上の従業員がいる場合は強制適用とするものとなります。

39

5 雇用保険等に関連する制度

雇用保険の加入と失業給付

　以前は、65歳以上の労働者については新規で雇用保険に加入することができませんでした。しかし、現在は65歳以上の労働者であっても新規で雇用保険に加入することができます。

　一方で、65歳以上で失業した場合の給付は、通常の基本手当ではなく高年齢求職者給付金というものに変わります。基本手当よりも支給日数（※）は少ないものの、雇用保険の加入期間が短くてももらえるのが特徴です。また、高年齢求職者給付金は一時金（一括）での支給となります。

※　雇用保険の給付額は、退職前の賃金から失業1日当たりの給付額を決定し、それを何日分支払うかで決定されます。

	基本手当	高年齢求職者給付金
受給要件	離職の日以前2年間に、被保険者期間が通算して12カ月以上あること ※　特定受給資格者または特定理由離職者については、離職の日以前1年間に、被保険者期間が通算して6カ月以上ある場合でも可	離職の日以前1年間に、被保険者期間が通算して6カ月以上あること
支給方法	4週間に1度、失業の認定を行い、認定を受けた日数に応じて支給	失業の認定を受けた後、全日数分を一時金（一括）にて支給

5　雇用保険等に関連する制度

	基本手当	高年齢求職者給付金
支給日数	被保険者期間が 　1年以上10年未満　　90日 　10年以上20年未満　120日 　20年以上　　　　　150日 ※　特定受給資格者及び一部の特定理由 離職者、就職困難者に該当しない場合	被保険者期間が 　1年未満　60日 　1年以上　90日

高年齢雇用継続給付

　高年齢雇用継続給付とは、60歳到達時点の賃金と比較して、60歳以後の賃金が大きく下がった場合に、その一部を雇用保険から補填する制度です。ここでいう60歳到達時点とは、当該労働者の誕生日の前日をいいます。

　高年齢雇用継続給付の支給を受けるには以下の3つの条件を満たす必要があります。

・60歳以上65歳未満の雇用保険の一般被保険者である
・雇用保険の被保険者期間が5年以上ある（過去に基本手当（失業保険）の受給をしている場合には、その受給終了から5年以上経過している必要あり）
・60歳以降の賃金が60歳到達時点の75%未満かつ支給限度額未満（※）

※　支給限度額は毎年8月に変更され、令和6年8月現在の支給限度額は376,750円

　高年齢雇用継続給付には高年齢雇用継続基本給付金と高年齢再就職給付金の2つがあり、高年齢雇用継続基本給付金は定年後も同じ会社

第 2 章　高年齢労働者の労務管理と関連する現行の法制度

で働く場合、高年齢再就職給付金は定年後に別の会社に再就職した場合（基本手当の支給を受けていたもので、60 歳以後に被保険者となった場合）の給付となります。

　2 つの給付金の間で支給条件や支給額に違いはありませんが、支給期間には以下のような違いがあります。

高年齢雇用継続基本給付金	高年齢再就職給付金
条件を満たす限り 65 歳に達する日の属する月まで支給	再就職した日の前日における基本手当の支給残日数が 100 日以上ある場合で、 ・残日数が 200 日以上のとき：再就職の翌日から 2 年を経過する日の属する月まで ・残日数が 100 日以上 200 日未満のとき：再就職の翌日から 1 年を経過する日の属する月まで ※　ただし、2 年または 1 年が経過する日の属する月が 65 歳に到達する日の属する月後である場合は、65 歳に達する日の属する月まで

　また、高年齢雇用継続給付の支給額については、60 歳到達時の賃金と比較して、下がれば下がるほど給付額が増える仕組みとなっています。その際、高年齢雇用継続給付の支給が最大となるのは、60 歳到達時の賃金と比較して 64％未満のときで、このときの高年齢雇用継続給付の支給額は「引き下げられた賃金額の 10％」となります。

　例えば、60 歳到達時の賃金が月 40 万円という労働者が、再雇用後に月 24 万円まで賃金が引き下げられたとします。この場合、60 歳以後の賃金は 60 歳到達時の 60％ですから「引き下げられた賃金額の10％」、つまり「24 万円」の 10％である「2 万 4 千円」が 1 月の高年

42

齢雇用継続給付の支給額となります。

　一方、60歳以後の賃金が64%よりも多い場合、高年齢雇用継続給付の支給額は逓減していき、75%以上になると、高年齢雇用継続給付は支給されません。

60歳以降の賃金が60歳到達時の賃金と比較して

64%未満	賃金額×10%
64%以上75%未満	賃金額×（10%から一定の割合で逓減するよう厚生労働省令で定められた率）
75%以上	不支給

ただし、支給額には以下の制限があります。

・60歳到達時賃金には上限（※1）及び下限（※2）があり、60歳到達時賃金が上限以上もしくは下限以下の場合は、上限もしくは下限を60歳到達時賃金として扱います。

・支給対象月に支払いを受けた賃金額と高年齢雇用継続給付として算定された額の合計が支給限度額を超えるときは「支給限度額－（支給対象月に支払われた賃金額）」が支給額となります。

・支給額が最低限度額（※3）を下回る場合は支給されません。

※1　494,700円　　※2　86,070円　　※3　2,295円（いずれも令和6年8月現在）

　高年齢雇用継続給付は将来的には廃止が予定されており、上記の支給率はその前段階として、令和7年4月1日より縮小された後のものとなります。

第 2 章　高年齢労働者の労務管理と関連する現行の法制度

老齢厚生年金と雇用保険の調整

　老齢厚生年金と雇用保険の両方が受給できる場合、年金額の一部が調整されます。ただし、以下で解説する 2 つの制度は、いずれも 60 歳台前半の特別支給の老齢厚生年金のみを対象としているので、男性については今後、対象となることはなく、女性についても対象となるのは令和 11 年度までとなります。

① 老齢厚生年金と基本手当

　特別支給の老齢厚生年金の受給権を取得した者が、雇用保険の基本手当を受けられる場合、特別支給の老齢厚生年金は支給停止されます。

　この調整は「求職の申込みのあった日の属する月の翌月」から「受給期間が経過するか所定給付日数分の支給を受け終わった日の属する月」がその対象となります。

　ただ、この期間には、基本手当をもらっていない待期期間や給付制限期間まで含まれるため、この調整では上記の期間、老齢厚生年金を支給停止にした後、事後的に支給停止しすぎた分を精算する形を取っています。

　具体的には以下の計算式によって計算した支給停止解除月数が 1 以上のとき、その月数分、老齢厚生年金が遡って支給されます。

支給停止解除月数＝年金停止月数－（基本手当の支給を受けたと見なされる日（※）÷ 30）

※　待期期間、給付制限期間を除く基本手当の支給対象となった日のこと

　この調整は 65 歳以降の老齢厚生年金には行われません。そして、

年金の調整が「求職の申込みのあった日の属する月の翌月」から始まる都合上、65歳に達する直前に退職をした場合、老齢厚生年金との調整が行われることなく基本手当をもらうことができます。

② 在職老齢年金と高年齢雇用継続給付

　60歳から65歳までの期間において、在職老齢年金の対象でかつ高年齢雇用継続給付を受けられる場合、在職老齢年金による支給停止に加え、さらに老齢厚生年金の一部が支給停止とされます。

　その際の支給停止額の計算方法は、以下のとおりです。

60歳以降の賃金が60歳到達時の賃金と比較して

ア	64%未満	調整額（支給停止額）＝標準報酬月額×100分の4
イ	64％以上75％未満	調整額＝標準報酬月額×（100分の4から一定の割合で逓減するよう厚生労働省令で定められた率）
ウ	75%以上	支給調整は行わない

ア、イにおいては、ア、イで計算した額に4分の10をかけた額に標準報酬月額を加えた額が高年齢雇用継続基本金の支給限度額376,750円（※）を超える場合、調整額は以下の計算方法によって求めます。

　　　調整額＝（支給限度額－標準報酬月額）×10分の4

※　金額は令和6年8月のもので、支給限度額は毎年8月に変更されます。

45

第 2 章　高年齢労働者の労務管理と関連する現行の法制度

65 歳以上の複数就業者の雇用保険加入

　雇用保険は原則、1 つの事業所でしか加入できず、また、雇用保険の加入の条件である「週所定労働時間 20 時間以上」については、複数の事業所で働く労働者であっても、単体の事業所で満たす必要があります。そのため、複数の事業所で雇用されて働く労働者で、雇用されている事業所のいずれにおいても週所定労働時間が 20 時間に満たない場合、雇用保険に加入できないようになっています。

　ただし、これには例外があり「65 歳以上の高年齢者」に関しては、以下の条件をすべて満たす場合、複数の雇用保険の適用事業に雇用されている場合でも雇用保険に加入できるようになっています。

・年齢が 65 歳以上で複数の雇用保険の適用事業に雇用されている
・雇用されているいずれの適用事業の週所定労働時間も 20 時間未満
・複数の適用事業のうち、2 つの事業の労働時間を合算すると週所定労働時間が 20 時間以上

　労働時間の合算にあたっては、雇用保険が非適用の事業所での労働時間や、極端に労働時間が短い事業所での労働時間（週 5 時間未満）については合算することができません。加えて、3 つ以上の適用事業に雇用されている場合で、いずれも週所定労働時間が 20 時間未満であっても、合算の際はそのうちの 2 つの事業の労働時間しか合算できません。これは事務手続の負担を抑えるためです。

　また、65 歳以上の複数就業者が雇用保険に加入する場合、労働者側から事業主にその申出をしなければなりませんが、会社はその申出をしたことを理由に、当該労働者に対して解雇その他不利益な取扱いをしてはならないとされています。

46

マルチジョブホルダーと呼ばれる本制度が 65 歳以上の複数就業者に限定されている理由は、複数就業者の雇用保険の加入について、まずは 65 歳以上の労働者を対象にその効果を検証するためとされています。そのため、将来的には 65 歳未満の労働者についても同様の扱いとなる可能性があります。

6 フリーランス法と高年齢労働者

　本章の最後に、令和6年11月1日に施行された「特定受託事業者に係る取引の適正化等に関する法律」、いわゆる「フリーランス法」について見ていきます。高年齢者就業確保措置の創業支援等措置を実施する場合、本法は避けて通れないからです。

個人事業主は弱い立場にあるのが普通

　近年、元々は会社に雇用されていた労働者の個人事業主化を支援する制度を設ける会社が、大手企業を中心に出てきています。

　その狙いは成果重視の環境作りや、個々人のスキルアップの支援、働き方の柔軟性の向上など、会社によって様々です。ただ、こうした建前の一方で、制限の厳しい労働基準法の適用がなく、各種公的保険に関する手続きや保険料の負担がなくなるという、コストを理由に会社側に好まれている面があるのもまた事実でしょう。

　とはいえ、業務委託の場合、雇用関係と違い所定労働時間や所定労働日数、始業・終業時刻といった制限がなく、会社に雇用されて働くときと比べて、自由度や柔軟性が高いなど、働く側にもメリットがあります。報酬に関しては、きちんと成果を出さないともらえないという厳しい面もありますが、ともすれば、成果を出すよりも長時間労働のほうが稼げてしまう賃金よりも、短い時間できちんと成果を出して報酬をもらうことのほうが性に合っている人もいることでしょう。

　そのため、労働者の個人事業主化は、必ずしも会社側にしかメリットのない制度というわけではありません。

　ただ、労働者から個人事業主化した個人事業主に限らず、そもそも

の話として、個人事業主・フリーランスというのは、発注者を選べる
ほど仕事に困らない場合を除き、発注者に対して弱い立場にあること
が普通です。そのため、発注者が悪質な場合、発注どおりに仕事をし
たとしても報酬が支払われなかったり、支払が遅延したり、報酬の減
額を要求されたりすることもあります。また、費用を負担せずに注文
内容を変更したり、成果物の受領後にやり直しをさせたりといった事
例も見られます。

　こうした弱い立場の個人事業主が、発注者に搾取されないよう守る
ために制定されたのがフリーランス法です。

フリーランス法の概要

① 定義

　フリーランス法における各種定義は以下のとおりとなります。

個人事業主 （フリーランス）	業務委託の相手方である事業者で、従業員を使用しないもの
発注事業者	個人事業主に業務委託する事業者で、従業員を使用するもの

　よって、「従業員を使用している」個人事業主はフリーランス法の
適用外となります。また、フリーランス法は、「事業者」が個人事業
主を搾取することを防ぐ法律であるため、原則として、発注者が従業
員を使用していない場合（相手も個人事業主、もしくは消費者の場
合）、対象となりません。

◆個人事業主がフリーランス法の適用外となる場合

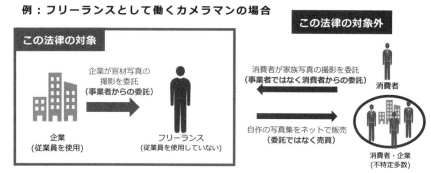

出典：リーフレット「フリーランスの取引に関する新しい法律が 11 月にスタート！」（厚生労働省）

② 発注事業者の義務

次に、フリーランス法が、発注事業者が個人事業主に業務を発注する際に義務づけていることについて見ていきます。

発注事業者に義務づけられる事項については、発注事業者に従業員がいるかどうか、一定の期間以上行う必要のある業務委託かどうかで変わってきます。

具体的には以下のとおりです。

	発注事業者	適用される義務項目
ア	従業員を使用していない（業務委託の期間等はなし）	①
イ	従業員を使用している（業務委託の期間等はなし）	①、②、④、⑥
ウ	従業員を使用していて、かつ、一定の期間以上行う必要のある業務委託	①、②、③、④、⑤、⑥、⑦

6　フリーランス法と高年齢労働者

	義務項目	具体的な内容
①	書面等による取引条件の明示	業務委託をした場合、書面等により、直ちに、取引条件を明示すること
②	報酬支払期日の設定	発注した物品等を受け取った日から数えて60日以内のできる限り早い日に報酬支払期日を設定し、期日内に報酬を支払うこと
③	禁止行為	個人事業主に対し、1カ月以上の業務委託をした場合、次の7つの行為をしてはならないこと ・受領拒否 ・報酬の減額 ・返品 ・買いたたき ・購入・利用強制 ・不当な経済上の利益の提供要請 ・不当な給付内容の変更・やり直し
④	募集情報の的確表示	広告などに個人事業主の募集に関する情報を掲載する際に、 ・虚偽の表示や誤解を与える表示をしてはならないこと ・内容を正確かつ最新のものに保たなければならないこと
⑤	育児介護等と業務の両立に対する配慮	6カ月以上の業務委託について、個人事業主が育児や介護などと業務を両立できるよう、個人事業主の申出に応じて必要な配慮をしなければならないこと
⑥	ハラスメント対策に係る体制整備	個人事業主に対するハラスメント行為に関し、次の措置を講じること ①　ハラスメントを行ってはならない旨の方針の明確化、方針の周知・啓発 ②　相談や苦情に応じ、適切に対応するために必要な体制の整備

51

	義務項目	具体的な内容
		③　ハラスメントへの事後の迅速かつ適切な対応 など
⑦	中途解除等の事前予告・理由開示	６カ月以上の業務委託を中途解除したり、更新しないこととしたりする場合は、 ・原則として 30 日前までに予告しなければならないこと ・予告の日から解除日までに個人事業主から理由の開示の請求があった場合には理由の開示を行わなければならないこと

個人事業主・フリーランスの労災保険

　フリーランス法の施行と併せて、フリーランス法の対象となる個人事業主（労災保険においては特定フリーランスという）に関して、業種を問わず、労災保険の特別加入が可能となりました。

　フリーランス法の対象となる個人事業主が対象であるため、基本的に発注者が消費者の場合や、委託ではなく物品の売買が主の個人事業主は対象とはなりません。ただし、消費者からの委託も事業者からの委託も両方受ける、というような働き方の個人事業主に関しては、特別加入の対象となります。

　なお、従来の特別加入同様に、特別加入する際は特別加入団体（労働保険事務組合）を経由する必要があります。

　この特別加入団体の選定にあたっては、建設業の一人親方や個人貨物運送業者など、もともと特別加入の対象となっていた業種に関してはその業種の特別加入団体に、それ以外の業種の個人事業主に関しては、特定フリーランス事業の特別加入団体（連合フリーランス労災保険センター）にて、特別加入の手続きを行う必要があります。

それぞれの業種の特別加入団体で加入手続を行う必要のある事業または作業

○個人タクシー業者、個人貨物運送業者等　○特定農作業従事者
○建設業の一人親方等　○指定農業機械作業従事者
○漁船による自営漁業者　○国・地方等が実施する訓練従事者
○林業の一人親方等　○家内労働者等
○医薬品の配置販売業者　○労働組合等の一人専従役員
○再生資源取扱業者　○介護作業従事者
○船員法第 1 条規定の船員
○家事支援従事者（いわゆる家政婦（夫））
○柔道整復師　○芸能関係作業従事者
○創業支援等措置に基づく高年齢者
○アニメーション制作作業従事者
○あんまマッサージ指圧師、はり師、きゅう師
○IT フリーランス　○歯科技工士

◆特定フリーランスが労災保険の特別加入の対象となる場合

（例）一人のカメラマンが様々な仕事を行う場合の対象となる業務

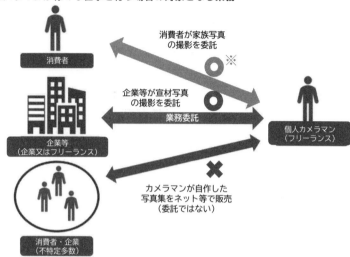

※ 企業等から業務委託を受けて事業を行うフリーランスが、当該事業と同種の事業を消費者から委託を受けて行う場合のみ対象
出典：リーフレット「フリーランスの皆さまへ」（厚生労働省）

第3章

同一労働同一賃金と
高年齢労働者

1 従来の雇用慣行の正当性

　高年齢労働者が定年退職後に再雇用される場合、契約期間を無期から有期に変更した上で、賃金を引き下げるのが一般的です。

　ただ、これまでは当たり前のように行われてきたこの雇用慣行も、第1章で見たように様々な法制度の変更により、以前のように、会社の制度や運用を変更することなく、個別の労働者への対応で行うことは難しくなってきています。

　それでも、定年後再雇用を機に賃金を引き下げる、という雇用慣行自体が不可能となったわけではありません。同一労働同一賃金に則った形であれば、こうした雇用慣行を続けることは可能だからです。

　また、賃金を引き下げることそのものを目的としていなくても、定年後再雇用を機に契約期間や労働時間が変わることもあるでしょう。そうした変化と併せて賃金を調整する際にも同一労働同一賃金は非常に重要となるため、第3章では同一労働同一賃金について、基礎的なところから最新の裁判例まで詳細に解説を行っていきます。

2 同一労働同一賃金とは

日本版同一労働同一賃金

　同一労働同一賃金とは、同じような仕事や職種に就くものは、その雇用形態、性別、人種や国籍等に関係なく、同じくらいの賃金が支払われるべきであるという考え方です。国際労働機関（ＩＬＯ）では、ＩＬＯ憲章の前文にて同一労働同一賃金を基本的人権の１つとして挙げています。

　一方、働き方改革を機に日本の法律や指針等で定められることになった同一労働同一賃金は、こうした国際的な意味とは異なり、「日本版同一労働同一賃金」として分けて考える必要のあるものです。

　なぜなら、日本の法律が目指す同一労働同一賃金とはあくまで雇用形態による格差の是正に絞られているからです。雇用形態による格差是正とは、要するに「正規と非正規の格差是正」のことであり、はっきり言ってしまうと日本での「同一労働同一賃金」は「正規と非正規の格差是正」のためのかけ声、スローガンに過ぎません。

　加えて、対象が「正規」と「非正規」の格差是正に限られているため、正規同士、あるいは非正規同士で格差がある場合については、日本版同一労働同一賃金の対象とはなりません。

同一労働同一賃金と高年齢労働者

　日本の雇用環境では、年々、非正規労働者が増加していますが、その大きな要因は定年を迎えた労働者の非正規化です。高年齢労働者のうち、特に定年後に再雇用されて働く定年後再雇用者の多くは、有期

雇用契約を結ぶ非正規労働者となるからです。後述しますが、通常の労働者と比べて短時間で働いていたり、有期雇用を締結したりする場合、法律上は高年齢労働者も非正規労働者として扱います。

そして、日本版同一労働同一賃金の目的が「正規と非正規の格差是正」である以上、定年後再雇用を機に労働時間を短縮した者や、雇用契約を有期とした定年後再雇用者もまた日本版同一労働同一賃金の対象であり、その適用を避けて通ることはできません。

3 同一労働同一賃金に反した場合のリスク

同一労働同一賃金以前の「正規と非正規の格差是正」との違い

　日本版同一労働同一賃金の目的である「正規と非正規の格差是正」については、働き方改革前からパートタイム労働法、労働者派遣法、労働契約法等の改正で幾度も試みられてきた政策です。

　そして、平成 30 年の通常国会で行われた働き方改革関連法の改正も、基本的にはそうした過去の「正規と非正規の格差是正」政策の延長線上にある一方で、働き方改革による同一労働同一賃金には、働き方改革前の「正規と非正規の格差是正」と明確に異なる部分もありました。

　というのも、実は、これまでの「正規と非正規の格差是正」を目的とした法改正や指針では、両者の主な格差の要因となっている賃金について、その決定方法まで踏み込むということはほぼほぼありませんでした。

　しかし、働き方改革関連法の改正に伴い作成された「短時間・有期雇用労働者及び派遣労働者に対する不合理な待遇の禁止等に関する指針（平成 30 年厚生労働省告示第 430 号）」、いわゆる「同一労働同一賃金ガイドライン」では、正規と非正規の賃金の決定方法について、賃金の項目ごとに、正規と非正規の賃金の格差が不合理とされるかどうかの基準について、かなり細かく言及されています。

同一労働同一賃金と行政指導

　とはいえ、同一労働同一賃金ガイドラインに定めがあるだけなら、会社としては積極的な対応は不要のように思えます。

　これまでより一歩踏み込んだ内容とはいえ、同一労働同一賃金ガイドライン自体はあくまで指針ですし、何より、本指針の根拠となっているパートタイム・有期雇用労働法及び労働者派遣法においても、同一労働同一賃金違反を刑事罰の対象とまではしていないからです。

　しかし、実は、労働行政は年々、会社の同一労働同一賃金の順守への関与を強めています。令和4年度にはほとんどみられなかった手当の格差是正に関する指導件数が令和5年度に急増していますが、これは同一労働同一賃金違反が増えたというよりは行政の調査が増えたと考えるほうが自然でしょう。

　加えて、令和6年4月1日付けで策定された「令和6年度地方労働行政運営方針」でも、同一労働同一賃金の順守の徹底を目標の一つに挙げています。具体的には、各都道府県労働局と監督署が協力して、「（非正規労働者の）待遇等の状況について企業から情報提供を受け」、その情報を元に「効率的な報告徴収又は指導監督を行う」としているほか、「基本給・賞与について正社員との待遇差がある理由の説明が不十分な企業に対し、監督署から点検要請を集中的に実施」することや、「支援策の周知を行うことにより、企業の自主的な取組を促す」ことが明記されています。

　ただ、それでも、行政には格差是正を強制するだけの権限はありません。正規と非正規の間に不合理と認められる格差があると、最終的に判断するのはあくまで司法、つまり、裁判所だからです。先ほど見た方針の最後が「企業の自主的な取組を促す」で締められている理由も、行政にできることには限界があることを示しています。

低くなった労働者側のハードル

　とはいえ、仮に正規と非正規に不合理と認められる格差が存在していて、かつ司法の場でそれが争われたら、会社側が非常に不利になることは間違いありません。そして、実は、この司法の場で争うという、労働者側のハードルを下げることこそ、同一労働同一賃金に関連する法律の改正及び同一労働同一賃金ガイドラインが作成された一番の目的です。

　これまでの法律の内容でも、非正規の労働者が正規の労働者との不合理な格差を理由に会社を訴えるということは当然可能でした。その一方で、同一労働同一賃金ガイドラインができるまでは、正規と非正規の間にどれくらいの格差があると不合理と認められるのか、という点が非常に曖昧で、「会社のこの扱いは違法なのでは？」と労働者側が感じたとしても、よほど裁判例に詳しい人でもない限り、裁判に勝てるかどうかについて確信を持つことが非常に難しくなっていました。

　しかし、本ガイドラインでは賃金の項目ごとに判断の根拠や具体例が記載されています。そのためガイドラインの内容と、非正規の労働者自身が置かれている状況を比較しやすくなりました。つまり、その分、労働者側はある程度、公算を持って会社と争うことができるようになったわけです。

　もちろん、三権分立を例に出すまでもなく、行政（厚生労働省）と司法（裁判所）は独立した機関であるため、行政の作成したガイドライン通りの判断を司法がするとは限りません。しかし、本章の95ページ以降で解説する各最高裁判決では、一部を除き、本ガイドラインを参考にしたと思われる判断が行われており、今後もこうした事例が続々と出てくることが予想されます。

　すでに述べたとおり、行政は同一労働同一賃金に関する取締りを強めており、各都道府県の労働局だけでなく労働基準監督署も協力し

て、違反している会社に対する指導をすることが増えてはいます。し
かし、同一労働同一賃金違反自体に刑事罰がない以上、同一労働同一
賃金違反のリスクの本質は、あくまで労使間の争いにあるといえるで
しょう。

4 日本版同一労働同一賃金における正規と非正規

正規と非正規の定義

　「正規と非正規の格差是正」を目的とする日本版同一労働同一賃金ですが、では、ここでいう正規と非正規とはどういったものをいうのでしょうか。

　結論からいってしまうと、現行の法律で「正規」及び「非正規」の定義を定めている法律はありません。

　世間一般的に正規というと、年功序列や終身雇用を前提に、契約期間が無期でフルタイム、働き方も人事異動や配転などが無制限であることがその条件とされています。しかし、それは法律上定められているものではなく、こうした条件に当てはまらない労働者であっても、会社が「正規」や「正社員」と呼ぶことは何の問題もありません。

　また、非正規についても、正規同様、非正規自体を定義する法律はありません。

　ただ、その代わりといっては何ですが、一般的に非正規雇用の特徴とされる、労働時間が通常の労働者と比べて短い者や契約期間が有期の者、派遣契約を結ぶ者をそれぞれ「短時間労働者」「有期雇用労働者」「派遣労働者」と定義しています。

　そして、「短時間労働者」「有期雇用労働者」についてはパートタイム・有期雇用労働法で、「派遣労働者」については労働者派遣法で、該当する労働者を保護する様々な規定が定められています。実は同一労働同一賃金も、パートタイム・有期雇用労働法及び労働者派遣法に定められている規定をその根拠としています。

63

第 3 章　同一労働同一賃金と高年齢労働者

短時間・有期雇用労働者と通常の労働者

① 短時間・有期雇用労働者

　日本版同一労働同一賃金においては、先に挙げた「短時間労働者」「有期雇用労働者」「派遣労働者」を、正規との格差是正が必要な「非正規」としています。

　そのため、短時間労働者及び有期雇用労働者の同一労働同一賃金についてはパートタイム・有期雇用労働法で、派遣労働者の同一労働同一賃金については労働者派遣法で、同一労働同一賃金に関する規定を定めています。

　そして、パートタイム・有期雇用労働法も、労働者派遣法も、年齢によって特定の労働者の適用を除外するということはありません。よって、高年齢労働者が、パートタイム・有期雇用労働法で定める短時間労働者もしくは有期雇用労働者に該当する限り、パートタイム・有期雇用労働法及び労働者派遣法の保護の対象となります。

　パートタイム・有期雇用労働法で定める短時間労働者、有期雇用労働者、短時間・有期雇用労働者の定義は以下のとおりです。

　1．短時間労働者：1週間の所定労働時間が、同一の事業主に雇用されていて同種の業務に従事する通常の労働者と比べて短い労働者
　2．有期雇用労働者：事業主と期間の定めのある雇用契約を締結している労働者
　3．短時間・有期雇用労働者：短時間労働者、有期雇用労働者及び短時間かつ有期雇用の労働者

　なお、派遣については、高年齢労働者の労務管理に関連する部分がほとんどなく、あったとしてもかなりのレアケースとなることを考慮し、以降、本書では派遣労働者の同一労働同一賃金について解説を行

64

いません。

② 通常の労働者

　日本版同一労働同一賃金における非正規とは「短時間・有期雇用労働者」のことですが、では、正規はというと「通常の労働者」というのがこれに当たります。

　通常の労働者とは、非正規の労働者と同一の事業主に雇用されている、事業主と期間の定めのない労働契約を締結しているフルタイム労働者のことをいいます。

　通常の労働者については、会社によって総合職、一般職、限定正社員など様々な区分があると思いますが、日本版同一労働同一賃金においては、無期雇用かつフルタイムであれば、それらすべてを通常の労働者と考えます。

均等待遇と均衡待遇

労働条件等の相違と待遇差

　日本版同一労働同一賃金では、正規と非正規との間で基本給や手当等に「待遇差（※）」を設けることをいついかなるときも禁止しているわけではありません。正規と非正規との間には所定労働時間や所定労働日数のほか、職務内容や職責等、様々な相違があるため、その「労働条件等の相違（※）」に応じた待遇差を設けることはある意味当然といえますし、そうした相違に応じた待遇差は日本版同一労働同一賃金でも認められています。

※　基本給や手当等も労働条件なので、基本給や手当等に違いがある場合も「労働条件の相違」とまとめている資料が多いですが、それだと職務内容や職責等との対比が曖昧で、かえってわかりにくいのではと考え、本書では所定労働時間や所定労働日数のほか、職務内容や職責等については「労働条件等」「労働条件等の相違」、基本給や手当、福利厚生といった労働者の待遇に関する労働条件については「待遇」「待遇差」と表記していきます。

均等待遇と均衡待遇

　とはいえ、労働条件等に相違があれば、どのような待遇差でも許されるわけではなく、労働条件等の相違とその待遇差は「釣り合って」いなければなりません。

66

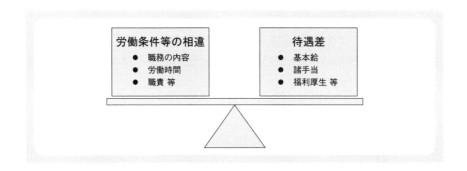

　では、労働条件等の相違と待遇差がどのようになっていれば問題ないのでしょうか。それを考える上で、そして、日本版同一労働同一賃金を考える上で非常に重要となるのが「均等待遇」と「均衡待遇」です。
　詳しい解説の前に、両者の違いを簡単にまとめておくと以下のようになります。

> 均等待遇：前提条件が同一の場合、同一の取扱いをすること
> 均衡待遇：前提条件が異なる場合、その違いに応じた取扱いをすること

① 均等待遇
　均等待遇とは、前提条件が同一の場合は同一の取扱いをすることをいいます。
　例えば「役職に就く」ことを前提に役職手当を支払うなら、役職に就いているものに対しては、正規か非正規かといった雇用形態に関係なく役職手当を支払わなければならない、というのがこの均等待遇に当たります。「役職に就く」ことを前提条件に役職手当を支払うのですから、その前提条件と関係のない、正規か非正規かといった雇用形態、業務の内容や職責、人材活用の仕組みの違いなどの労働条件の相違を理由に差を設けることはできず、同一の取扱いをしなければなら

ないわけです。

　逆にいうと、そもそも前提条件が同一ではない場合、均等待遇をする必要はないわけですが、だからといって、正規と非正規の間に待遇差があっても問題ないかというと、これについては次で説明する均衡待遇を見てみないと断言はできません。

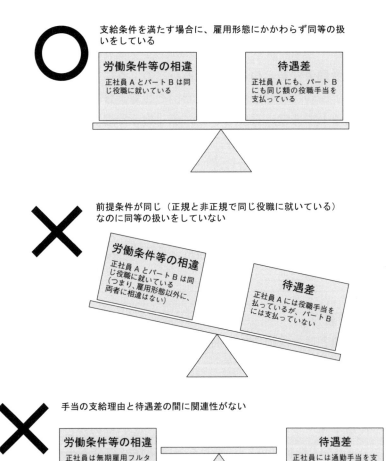

② 均衡待遇

均衡待遇とは、前提条件が異なる場合にその相違に応じた取扱いをすることをいいます。

例えば、基本給について、正規と非正規で職務内容や人材活用の仕組みといった、基本給を決定する上で前提となり得る部分（職務内容や職責等）に相違がある場合に、その相違に応じた待遇差を設けることがこれに当たります。

また、所定労働時間や所定労働日数に相違がある場合に、所定労働時間に比例して手当の額を比例させたり、所定労働日数に応じて通勤手当の支払方法を実費とするか定期代支給とするかと対応を変えたりといった待遇差も、均衡待遇に含まれます。

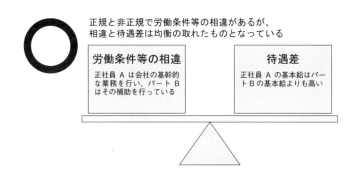

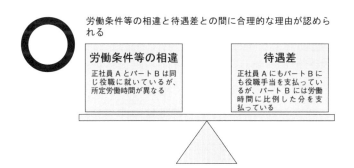

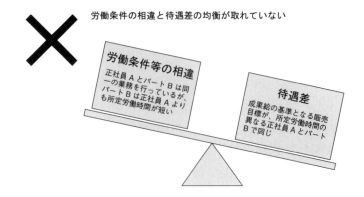

③ 前提条件

　均等待遇が必要か、均衡待遇が必要かは「前提条件」が同じかどうかで変わります。

　ここでいう前提条件とは、賃金項目や手当ごとの「支給目的」と、職務内容や人材活用の仕組みなどの「労働条件等の相違」がこれに当たります。

　では、この2つのうち、どちらがより重要になるかというと、それは「支給目的」のほうです。

　というのも、各種賃金項目の支給目的によっては、労働条件等の相違と待遇差の間に何の関連性もない場合があるからです。

　例えば、「食事代を補助する」ことを支給目的とする食事手当の場合、職務内容や人材活用の仕組みといった「労働条件等の相違」があるからといって「食事代を補助しなくてもよい」ということにはなりません。「通勤費用を補助する」目的で支給される通勤手当にしてもそうです。こうした場合、労働条件等の相違を理由に手当を支給しないのは、不合理であると判断されても仕方ありません。

　一方で、所定労働時間や所定労働日数の関係で食事する時間に会社に出勤しない場合（午前のみの出社や午後からの出社）や、勤務日数が正規と比較して少ないため、定期代ではなく実費相当を支給する、といった扱いは「支給目的」と「労働条件等の相違」に関連性がある

上、待遇差も不合理とはいえないため可能です。

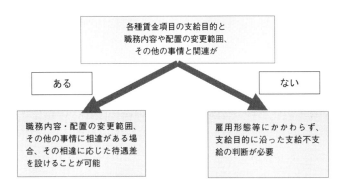

このように、均等待遇と均衡待遇の前提条件を考える場合、各種賃金項目の支給目的をはっきりとさせ、その上で、労働条件等の相違によって待遇差を設けることが不合理とならないかを考える必要があります。そして、当然ですが、支給目的が正規と非正規のどちらにも当てはまる場合で、労働条件等の相違がない、あるいはそうした相違が手当の支給に影響を与えない場合、正規と非正規で均等待遇が必要となります。

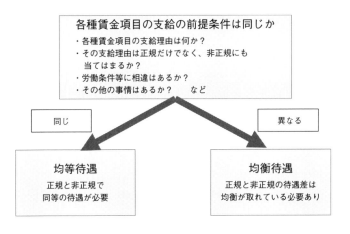

第 3 章　同一労働同一賃金と高年齢労働者

　気をつけないといけないのは、日本の雇用慣行では、手当の支給目的を深く考えず、正規だから支給する、非正規だから支給しない、という扱いをしていることが多いということです。しかし、こうした扱いは同一労働同一賃金において非常にリスクが高く、どこの会社も第一に見直しを行うべき点といえます。

　なお、各種賃金項目の「支給目的」に関しては、会社や賃金項目ごとに千差万別ということもあり、法律等で特に定めはありません。一方で、「労働条件等の相違」については、パートタイム・有期雇用労働法に定めがあります。

　よって、次項では、均等待遇及び均衡待遇の根拠となっているパートタイム・有期雇用労働法の8条及び9条を見ていきます。

パートタイム・有期雇用労働法と
同一労働同一賃金

① パートタイム・有期雇用労働法8条

　パートタイム・有期雇用労働法8条は「均等・均衡待遇」を定めた条文で、短時間・有期雇用労働者の基本給、賞与その他の待遇について、通常の労働者と比較して不合理と認められる待遇差を設けることを禁止する規定となっています。

（不合理な待遇の禁止）

第8条　事業主は、その雇用する短時間・有期雇用労働者の基本給、賞与その他の待遇のそれぞれについて、当該待遇に対応する通常の労働者の待遇との間において、当該短時間・有期雇用労働者及び通常の労働者の業務の内容及び当該業務に伴う責任の程度（以下「職務の内容」という。）、当該職務の内容及び配置の変更の範囲その他の事情のうち、当該待遇の性質及び当該待遇を行う目的に照らして適切と認められるものを考慮して、不合理と認

> められる相違を設けてはならない。

　前項でも解説したとおり、短時間・有期雇用労働者と通常の労働者との間に待遇差がある場合、その待遇差の根拠となる「労働条件等の相違」が必要です。では、正規と非正規の待遇差の根拠となり得る「労働条件等の相違」とはなにかというと、以下の3つとなります。

1. 職務内容（業務内容・責任の程度）
2. 職務内容・配置の変更範囲（いわゆる「人材活用の仕組み」）
3. その他の事情

　つまり、短時間・有期雇用労働者と通常の労働者との間に待遇差がある場合で、上記の3つの項目に当てはまるような何らかの相違がある場合、その待遇差が、労働条件等の相違に応じた範囲であれば、それは均衡の取れた待遇となり、問題はないということになります。
　一方で、そうした相違がない場合は均等待遇の考えから、待遇差を設けることはできません。仮に、正規と非正規の間に相応の相違がないにもかかわらず待遇差だけがあるという場合、その待遇差は不合理と判断される可能性が高くなります。また、待遇差が生じている賃金項目等の支給目的によっては、労働条件等の相違があっても待遇差を設けることは不合理と認められる可能性があります。
　上記の3つの項目のうち1. と2. については、通常の労働者と短時間・有期雇用労働者との間に相違があるかどうかを判断するためのチャートを厚生労働省が公表しているため、そちらを参考にするとよいでしょう。
　3. については、正規と非正規との待遇差を決定する上での労使間での交渉や、非正規から正規への登用制度があるかどうかなどが、過去の裁判例で判断要素として挙げられています。また、定年後再雇用者に関しては、定年という制度の特性や現役時代とのライフスタイル

の違いなどの観点から、定年後再雇用者であること自体が、その他の事情になるとされています。

◆ 厚生労働省が公表しているチャート

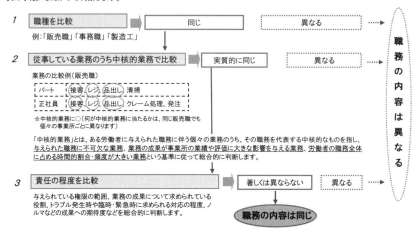

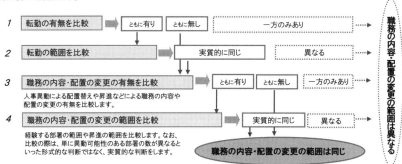

出典：リーフレット「パートタイム・有期雇用労働法の概要」（厚生労働省）

② パートタイム・有期雇用労働法９条

　次に、パートタイム・有期雇用労働法９条ですが、こちらも実は「均等待遇」について定めた条文となっています。

（通常の労働者と同視すべき短時間・有期雇用労働者に対する差別的取扱いの禁止）

第９条　事業主は、職務の内容が通常の労働者と同一の短時間・有期雇用労働者（第十一条第一項において「職務内容同一短時間・有期雇用労働者」という。）であって、当該事業所における慣行その他の事情からみて、当該事業主との雇用関係が終了するまでの全期間において、その職務の内容及び配置が当該通常の労働者の職務の内容及び配置の変更の範囲と同一の範囲で変更されることが見込まれるもの（次条及び同項において「通常の労働者と同視すべき短時間・有期雇用労働者」という。）については、短時間・有期雇用労働者であることを理由として、基本給、賞与その他の待遇のそれぞれについて、差別的取扱いをしてはならない。

　このパートタイム・有期雇用労働法９条の内容ですが、本条では通常の労働者と同視すべき短時間・有期雇用労働者に対する基本給、賞与その他の待遇についての差別的取扱いを禁止しています。ここでいう「通常の労働者と同視すべき短時間・有期雇用労働者」とは、以下の２つの条件を満たす短時間・有期雇用労働者をいいます。

　１．職務内容が同一
　２．雇用の全期間にわたって人材活用の仕組みや運用などが同じ

　そして、「通常の労働者」と「通常の労働者と同視すべき短時間・有期雇用労働者」の差別的取扱いを禁止している、というのは、言い

換えると、両者は上記の２つの前提条件が同じなのだから、基本給、賞与その他の待遇について、会社は差別的取扱いをせず「均等待遇」をしなければならないと定めていると理解することができます。

しかし、８条の均等待遇と９条の均等待遇では、対象となる労働者を「通常の労働者と同視すべき短時間・有期雇用労働者」に絞っているだけに留まらない、非常に重要なポイントがあります。それは９条の条文の最後、「差別的取扱いをしてはならない」としている部分です。

９条では、短時間・有期雇用労働者が「通常の労働者と同視すべき短時間・有期雇用労働者」と判断された場合、「通常の労働者」との間の一切の「差別的取扱い」を禁止しています。要するに「通常の労働者」と「通常の労働者と同視すべき短時間・有期雇用労働者」は同じ扱いをしなければならないわけです。

一方、「不合理と認められる相違を設けてはならない」とだけしている８条については、労働条件等の相違と待遇差が「不合理と認められなければ」同一労働同一賃金に反することはありません。極端な話、合理的でなくても不合理であると認められなければよいわけで、均等待遇とはいいつつも、多少の待遇差が認められる余地があるわけです。

こうした８条と９条の違いは、８条が適用されるか９条が適用されるかで、司法の判断がまるで変わってくることを意味します。

例えば、とある手当の支給不支給について、８条が適用される場合であれば不合理ではないと判断されたものであったとします。しかし、９条が適用されると、例えそれが「不合理ではない」程度の差であったとしても、差がある以上は差別的取扱いであると判断される可能性が出てくるわけです。

とはいえ、９条の均等待遇の前提条件はかなり限定的であるため、８条と比較すると、対象となる非正規労働者はそれほど多くはないように思えます。確かに、パートやアルバイトなどの短時間労働者で上

記の２つの要件を満たす人はほとんどいないでしょう。

　一方、令和２年にパートタイム労働法からパートタイム・有期雇用労働法に改正されて以降は、契約社員や嘱託社員などの有期雇用労働者もまたこの９条の対象となっています。有期雇用労働者の場合、短時間労働者と比較して、正社員と職務内容が同一であったり、人材活用の仕組みが同じであったりという人は少なくありません。つまり、その分、９条を適用される可能性が高いということです。

　ちなみに、８条で見たチャートで、いずれにおいても「（通常の労働者と）同じ」となる場合、その短時間・有期雇用労働者は通常の労働者と同視すべき短時間・有期雇用労働者に該当します。

まとめ

　均等待遇及び均衡待遇においては、各種賃金項目の支給目的が何であるかが重要になります。各種賃金項目の支給目的によっては、そもそも正規と非正規で待遇差を設けること自体できないこともあるからです。

　一方で、賃金項目によっては、労働条件等の相違によって待遇差を設けることが可能なものも多くあります。しかし、そうした場合であっても、労働条件等の相違と待遇差の均衡が取れていない場合、労使間で争いになった場合に、会社に不利な判断が出る可能性が高くなります。

　そして、各種賃金項目の支給目的や、労働条件等の相違と待遇差の関係について、具体的に考えるために重要となるのが、厚生労働省が公表している「同一労働同一賃金ガイドライン」と、同一労働同一賃金に関する各種裁判例です。なぜなら、同一労働同一賃金ガイドラインでは、パートタイム・有期雇用労働法８条及び９条の内容、つまりは均等・均衡待遇に関して、賃金項目ごとに具体的に例示をしていますし、また、裁判例では実際の事例を元に、相違と待遇差が不合理

かどうかの判断を行っているからです。

　そのため、次項では、同一労働同一賃金ガイドラインについて、さらにその次の項では最新の裁判例について見ていきます。

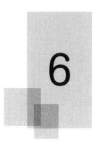

6 同一労働同一賃金ガイドライン

同一労働同一賃金ガイドラインの特徴

　同一労働同一賃金ガイドライン（以下、ガイドライン）では、正式名称「短時間・有期雇用労働者及び派遣労働者に対する不合理な待遇の禁止等に関する指針（厚生労働省告示第430号、平成30年12月28日）」の名のとおり、通常の労働者と短時間・有期雇用労働者との間に待遇差が存在する場合に、その待遇差の前提となる相違との関係を踏まえながら、どのような待遇差が不合理で、どのような待遇差が不合理でないかについて、原則的な考えと具体例が示されています。

　また、ガイドラインでは、これまでの正規と非正規の格差是正を目的とした通達や、過去のガイドラインで曖昧にされていた基本給や昇給、賞与や諸手当といった、具体的な賃金項目にまで踏み込んで、その具体例が示されており、会社側からも、そして、労働者側からも、どういった待遇差が不合理となり得るか、想像しやすいものとなっています。

　以下では、ガイドラインに記載のある賃金の支給項目等について、個別に解説していきます。

基本給

　日本の雇用慣行では様々な形で基本給が支払われています。ガイドラインではこのうち、労働者の職業経験・能力に応じて支給する「職能給」、労働者の業績に応じて支給する「成果給」、勤続年数や年齢に応じて支給する「年功給」について、その具体例が示されています。

第3章　同一労働同一賃金と高年齢労働者

　一方で、実際の基本給の実態としては、上に挙げた「職能給」「成果給」「年功給」その他の要素が混在している場合も少なくありません。これについてガイドラインでは「まずは、各事業主において、職務の内容や職務に必要な能力等の内容を明確化するとともに、その職務の内容や職務に必要な能力等の内容と賃金等の待遇との関係を含めた待遇の体系全体を、短時間・有期雇用労働者及び派遣労働者を含む労使の話合いによって確認し、短時間・有期雇用労働者及び派遣労働者を含む労使で共有することが肝要である。」としています。つまり、基本給に関する賃金体系について不明確な部分を明確化し、それを労使で共有すべきとしているわけです。

　いずれにせよ、基本給については「職務内容」「職務内容・配置の変更範囲」によって決定される傾向が強く、これらの労働条件等が異なることの多い正規と非正規にあっては、均等待遇よりも均衡待遇を求められることが多くなるのは間違いありません。

職 能 給	労働者の能力又は経験に応じて支給するものについて、通常の労働者と同一の能力又は経験を有する短時間・有期雇用労働者には、能力又は経験に応じた部分につき、同一の支給をしなければならない。また、能力又は経験に一定の相違がある場合においては、その相違に応じた支給をしなければならない。

[問題とならない例①]
　職能給で基本給を支払う会社Aでは、ある能力の向上のため特殊なキャリアコースを設定。このキャリアコースを選んで能力を習得した通常の労働者Xと、選ばず能力も習得しなかった有期雇用労働者Yの間にその能力に応じた支給の差を設ける場合。

6　同一労働同一賃金ガイドライン

[問題とならない例②]

　通常の労働者で総合職のＸが管理職となるキャリアコースの一環として短時間労働者Ｙのアドバイスを受けながらＹと同様の定型的な業務を行っている。Ｘにとってはあくまでキャリアコースの一環であることから、Ｘに対し、その定型的な業務における能力又は経験に応じることなく、Ｙよりも高額な基本給を支給する場合。

[問題とならない例③]

　同じ職場で同一の業務を行う有期雇用労働者ＸとＹのうち、一定の職業経験、能力を満たしたＹを定期的に転勤や職務の変更がある通常の労働者に登用。転勤や職務の変更があり得ることを理由にＹの賃金の差を高くする場合。

[問題とならない例④]

　同一の能力又は経験を有する通常の労働者であるＸと短時間労働者であるＹがいるが、ＸとＹに共通に適用される基準を設定し、就業時間の時間帯や就業日に土日祝日が含まれるかどうかの違いにより、時給（基本給）に差を設けている場合。

[問題となる例]

　職能給で賃金を支払う会社Ｅは、通常の労働者Ｘに対し有期雇用労働者Ｙに比べて多くの経験を有することを理由に給与を多く支給しているが、Ｘのこれまでの経験はＸの現在の業務と関連性がないという場合。

　現在の業務と関係のない過去の経験を理由に、通常の労働者と有期雇用労働者の間に差を設けるのは不合理であるという判断。

成果給	労働者の業績又は成果に応じて支給するものについて、通常の労働者と同一の業績又は成果を有する短時間・有期雇用労働者には、業績又は成果に応じた部分につき、同一の支給をしなければならない。また、業績又は成果に一定の相違がある場合においては、その相違に応じた支給をしなければならない。

81

第 3 章　同一労働同一賃金と高年齢労働者

[問題とならない例①]
　基本給の一部について成果給を導入している会社で、所定労働時間が通常の労働者の半分の短時間労働者であるＸに対し、通常の労働者に設定されている販売目標の半分の数値に達した場合には、通常の労働者が販売目標を達成した場合の半分の成果給を支給している場合。

[問題とならない例②]
　通常の労働者Ｘと短時間労働者Ｙは同様の業務に従事しているがＸは生産効率や品質の目標値に責任を負っており、目標未達の場合は待遇上の不利益を課されている。一方、Ｙにはそうした責任はなく、待遇上の不利益もない。
　こうしたことを踏まえて、ＸはＹに比べ、不利益を課していることとの見合いに応じて高額の基本給を支給している場合。

[問題となる例]
　基本給の一部について労働者の業績又は成果に応じて支給している会社で、通常の労働者が販売目標を達成した場合に行っている支給を、短時間労働者であるＸが通常の労働者の販売目標に届かない場合には行っていない場合。
　労働時間が異なる通常の労働者と短時間労働者の販売目標を同一とする成果給の支給基準には問題があるという判断。

年 功 給	労働者の勤続年数に応じて支給するものについて、通常の労働者と同一の勤続年数である短時間・有期雇用労働者には、勤続年数に応じた部分につき、同一の支給をしなければならない。また、勤続年数に一定の相違がある場合においては、その相違に応じた支給をしなければならない。

[問題とならない例]
　基本給について労働者の勤続年数に応じて支給しているＡ社において、過去に期間の定めのある労働契約を更新している有期雇用労働者であるＸに対し、勤続年数について当初の労働契約開始時から通算して勤続年数を評価した上で支給している場合。

6 同一労働同一賃金ガイドライン

[問題となる例]
　勤続年数に応じて基本給を支給している会社で、過去に期間の定めのある労働契約を更新している有期雇用労働者の勤続年数を当初の労働契約の開始時から通算して勤続年数を評価せず、契約更新時に勤続年数をリセットし、その時点の雇用契約期間のみにより勤続年数を評価した上で支給している場合。

昇　　給

　日本の雇用慣行における昇給は、勤続年数に従って毎年増額する定期昇給制度が主流ということもあり、ガイドラインにおいても「勤続による能力の向上に応じて行うものについて」のみ紹介されています。そのため、「勤続による能力の向上」以外を理由とする昇給の場合、ガイドラインの内容をそのまま適用することはできないので、個々の昇給理由に沿った判断が必要となってきます。

　なお、ガイドラインにある「勤続による能力の向上」については、行っている業務の内容や職責、配置の変更範囲等によって、向上の度合いが異なるはずなので、基本的には均等待遇ではなく均衡待遇が求められることのほうが多いと考えられます。

昇　　給	勤続による能力の向上に応じて行うものについて、通常の労働者と同様に勤続により能力が向上した短時間・有期雇用労働者に、勤続による能力の向上に応じた部分につき、同一の昇給を行わなければならない。また、勤続による能力の向上に一定の相違がある場合においては、その相違に応じた昇給を行わなければならない。

83

第 3 章　同一労働同一賃金と高年齢労働者

賞　　　与

　賞与は法律上必ず支給しなければならないものではなく、支給の時期や理由も各会社によって異なりますが、基本的には労働者の業績への貢献に対して支払われるのが普通です。そのため、ガイドラインでは会社の業績等への労働者の貢献に応じて支給する場合について例示しています。

　ただ、「貢献」についてはその基準を数字化することがそもそも難しい上、業務の内容や職責、配置の変更範囲等によっても、その貢献の度合いは変わってきます。そのため、賞与についても多くの場合、均等待遇ではなく均衡待遇の対象となるはずです。

　一方で、賞与に関しては貢献以外の理由で支払われることもあり、その場合はガイドラインの内容をそのまま適用することはできないため、個々の賞与の支給目的に沿った判断が必要となってきます。

　また、以下のうち［問題となる例②］のような事例については、令和 2 年 10 月 13 日の大阪医科大学事件最高裁判決で、これを半ば否定する判決が出ており、行政と司法で考え方にずれが生じています（本判決の詳細は 104 ページ）。

賞　　　与	会社の業績等への労働者の貢献に応じて支給するものについて、通常の労働者と同一の貢献である短時間・有期雇用労働者には、貢献に応じた部分につき、同一の支給をしなければならない。また、貢献に一定の相違があるのであれば、その相違に応じた支給をしなければならない。

［問題とならない例①］
　賞与について、会社の業績等への労働者の貢献に応じた支給をしているＡ社において、通常の労働者であるＸと同一の会社の業績等への貢献がある有期雇用労働者であるＹに対して、Ｘと同一の支給をしている場合。

[問題とならない例②]

　通常の労働者Ｘと短時間労働者Ｙは同様の業務に従事しているがＸは生産効率や品質の目標値に責任を負っており、目標未達の場合は待遇上の不利益を課されている。一方、Ｙにはそうした責任はなく、待遇上の不利益もない。

　こうしたことを踏まえて、Ｘには賞与を支給しているが、Ｙに対しては、待遇上の不利益を課していないこととの見合いの範囲内で、賞与を支給していない場合。

[問題となる例①]

　通常の労働者であるＸと同一の会社の業績等への貢献がある有期雇用労働者であるＹに対して、Ｘと同一の支給をしていない場合。

[問題となる例②]

　職務の内容や会社の業績等への労働者貢献にかかわらず通常の労働者には全員に何らかの賞与を支給しているが、短時間・有期雇用労働者には支給していない場合。

手当（家族手当、住宅手当、退職金以外）

　ガイドラインで示されている諸手当に関しては、職務内容や人材活用の仕組みの違いよりも、その手当の性格を踏まえた前提条件、つまりは、手当の支給目的に則り、その条件を満たしている労働者にきちんと支払っているかどうかがポイントとなっています。

　例えば、役職手当については「役職の内容」に対して支給しようとする場合、通常の労働者と短時間・有期雇用労働者とで、同一の役職に就く場合、同一の支給を行う必要があります。また、食事手当や精皆勤手当のように、雇用形態等でその必要性が変わらないような手当についても、正規と非正規で差を設けることはできないとしています。

　一方で、同じ役職でも所定労働時間や所定労働日数が異なる場合は、その時間や日数に役職手当の額を比例させることは問題ありません。また、正社員に食事手当を支給していたとしても、午前のみの出社や午後からの出社の場合のように、食事の必要性がない非正規の

労働者に食事手当を支給しない場合、同様に問題はないとしています。

　以上のように、諸手当の支給に関しては均等待遇が原則であり、雇用形態はもとより、業務の内容や職責、配置の変更範囲といった相違が、待遇差の理由となる余地は少なくなっています。

　加えて、手当については、支給条件と金額との関連性が基本給や賞与等と比べて非常にわかりやすく、その分、支給の有無に関して労働者が不満を抱きやすかったり、裁判所に不合理と認められやすかったりという面があることにも注意が必要です。

支給項目	内　容
①役職手当（役職の内容に対して支給する場合）	役職の内容に対して支給するものについて、通常の労働者と同一の内容の役職に就く短時間・有期雇用労働者には、同一の支給をしなければならない。また、役職の内容に一定の相違があるのであれば、その相違に応じた支給をしなければならない。 [問題とならない例] 　通常の労働者Ｘと同一の役職名で、同一の内容の役職に就く短時間労働者Ｙに、Ｘに支給している役職手当の所定労働時間に比例した分を支給する場合。 [問題となる例] 　通常の労働者Ｘと同一の役職名で、同一の内容の役職に就く有期雇用労働者Ｙに、Ｘに支給している役職手当と比べて低額の役職手当を支給する場合。
②特殊作業手当（業務の危険度又は作業環境に応じて支給されるもの）	通常の労働者と同一の危険度又は作業環境の業務に従事する短時間・有期雇用労働者には同一の支給をしなければならない。

支給項目	内　　容
③特殊勤務手当（交替制勤務等の勤務形態に応じて支給されるもの）	通常の労働者と同一の勤務形態で業務に従事する短時間・有期雇用労働者には同一の支給をしなければならない。 [問題とならない例①] 　通常の労働者、短時間・有期雇用労働者の別を問わず、勤務曜日・時間を特定して勤務する労働者に対して、採用が難しい早朝もしくは深夜又は土日祝日の時給を上乗せして特殊勤務手当を支給し、それ以外の労働者にはそうした上乗せ支給はしない場合。 [問題とならない例②] 　入社の段階で交替制勤務に従事することが確定していなかった通常の労働者 X を交替制勤務に従事させた場合に限り特殊勤務手当を支給する一方で、入社の時点で交替制勤務することが決まっていたため基本給にその負荷分が盛り込まれていて基本給が高くなっている短時間労働者 Y には支給しないという場合。
④精皆勤手当	通常の労働者と業務内容が同一の短時間・有期雇用労働者には同一の支給をしなければならない。 [問題とならない例] 　通常の労働者には精皆勤手当を支給するが、その代わり欠勤はマイナス査定とする。その一方で、短時間・有期雇用労働者には、マイナス査定を行わないこととの見合いの範囲内で、精皆勤手当の支給を行っていない場合。

第 3 章　同一労働同一賃金と高年齢労働者

支給項目	内　容
⑤時間外労働手当	通常の労働者の所定労働時間を超えて、通常の労働者と同一の時間外労働を行った短時間・有期雇用労働者には、通常の労働者の所定労働時間を超えた時間につき、同一の割増率等で、時間外労働に対して支給をしなければならない（つまり、時間外手当の割増率を通常の労働者には３割、短時間・有期雇用労働者には２割５分、といったように差を設けることは不合理な待遇差になるということ。これは⑥についても同じ）。
⑥深夜労働又は休日労働手当	通常の労働者と同一の深夜・休日労働を行った短時間・有期雇用労働者には、同一の割増率等で、深夜労働又は休日労働に対して支給される手当を支給しなければならない。 ［問題とならない例］ 　通常の労働者であるＸと時間数及び職務内容が同一の、深夜労働又は休日労働を行った短時間労働者であるＹに、同一の深夜労働又は休日労働手当を支給している場合。 ［問題となる例］ 　通常の労働者であるＸと時間数及び職務内容が同一の、深夜労働又は休日労働を行った短時間労働者であるＹに、勤務時間が短いことから、深夜労働又は休日労働手当の単価を通常の労働者より低く設定している場合。
⑦通勤手当及び出張旅費	短時間・有期雇用労働者にも、通常の労働者と同一の支給をしなければならない。

支給項目	内　　容
	[問題とならない例①] 　Ａ社においては、本社の採用である労働者に対しては、交通費実費の全額に相当する通勤手当を支給しているが、それぞれの店舗の採用である労働者に対しては、当該店舗の近隣から通うことができる交通費に相当する額に通勤手当の上限を設定して、当該上限の額の範囲内で通勤手当を支給している。Ａ社の店舗採用の短時間労働者であるＸが、本人の都合で通勤手当の上限の額では通うことができないところへ転居してなお通い続けている場合に、当該上限の額の範囲内で通勤手当を支給している場合。 [問題とならない例②] 　所定労働日数が多い（例えば、週４日以上）通常の労働者及び短時間・有期雇用労働者には、月額の定期額に相当する額を支給するが、所定労働日数が少ない（例えば、週３日以下）又は出勤日数が変動する短時間・有期雇用労働者には日額の交通費に相当する額を支給している場合。
⑧食事手当 （労働時間の途中に食事のための休憩時間がある労働者に対して食費の補助として支給されるもの）	短時間・有期雇用労働者にも、通常の労働者と同一の支給をしなければならない。 [問題とならない例] 　昼食補助の食事手当を支給している会社で、昼食の時間帯を挟んで勤務する通常の労働者に食事手当を支給し、午後から出勤する短時間労働者には食事手当を支給しない場合。 [問題となる例] 　通常の労働者には高額の食事手当を支給し、有期雇用労働者には低額の食事手当を支給する場合。

第 3 章　同一労働同一賃金と高年齢労働者

支給項目	内　　容
⑨単身赴任手当	通常の労働者と同一の支給要件を満たす短時間・有期雇用労働者には、同一の支給をしなければならない。
⑩地域手当	通常の労働者と同一の地域で働く短時間・有期雇用労働者には、同一の支給をしなければならない。 ［問題とならない例］ 　通常の労働者については、全国一律の基本給の体系を適用しており、転勤があるのでその際は地域の物価等に合わせた地域手当を支給している。一方で、現地採用の短時間・有期雇用労働者に関しては、基本給に地域の物価を織り込んだ基本給を支給しているので、地域手当は支給していないという場合。 ［問題となる例］ 　通常の労働者と有期雇用労働者、いずれも全国一律の基本給の体系を適用し、かつ、いずれも転勤があるにもかかわらず、有期雇用労働者には地域手当を支給していない場合。

家族手当、住宅手当、退職金

　家族手当、住宅手当、退職金については、いずれも正規と非正規の格差の原因になりやすい項目であるにもかかわらず、ガイドラインでは具体例を示さず「基本的な考え方」で「退職手当、住宅手当、家族手当等の待遇や、具体例に該当しない場合についても、不合理と認められる待遇の相違の解消等が求められる」と曖昧に表記するに留まっています。

　一方で、これらの手当等については、直近の正規と非正規の格差に関する最高裁判例の中で一定の考えが示されています。こうした裁判

90

例については 95 ページ以降で詳しく解説していきます。

福利厚生

　福利厚生施設の利用や慶弔休暇などの福利厚生に関する待遇についても、基本的な考え方は諸手当と同様で、原則、短時間・有期雇用労働者に対して、通常の労働者と同一の付与・利用を認めなければならず、均等待遇の対象となります。

　例えば、法定外の年次有給休暇を付与する場合に、通常の労働者には付与して、短時間・有期雇用労働者には付与しないというのは認められません。その一方で、通常の労働者を基準に、短時間・有期雇用労働者には所定労働時間に応じて比例付与するということは可能です。

　その他、福利厚生施設（食堂、休憩室、更衣室）については、そもそもパートタイム・有期雇用労働法12条でも、短時間・有期雇用労働者に対して利用の機会を与えなければならないと定められています。

支給項目	内　　容
①福利厚生施設（食堂、休憩室、更衣室）	通常の労働者と同一の事業場で働く短時間・有期雇用労働者には、同一の利用を認めなければならない。
②転勤者用社宅	通常の労働者と同一の支給要件（例えば、転勤の有無、扶養家族の有無、住宅の賃貸又は収入の額）を満たす短時間・有期雇用労働者には、同一の利用を認めなければならない。
③慶弔休暇並びに健康診断に伴う勤務免除及び当該健康診断を勤務時間中に受診する場合の当該受診時間に係る給与の保障	短時間・有期雇用労働者にも、通常の労働者と同一の慶弔休暇の付与並びに健康診断に伴う勤務免除及び当該健康診断を勤務時間中に受診する場合の当該受診時間に係る給与の保障を行わなければならない。

91

第 3 章　同一労働同一賃金と高年齢労働者

支給項目	内　　容
	[問題とならない例] 　通常の労働者と同様の出勤日数の短時間労働者には通常の労働者と同様の日数を付与する一方、所定労働日数が週2日の短時間労働者に対しては、勤務日の振替での対応を基本としつつ、振替が困難な場合のみ慶弔休暇を付与する場合。
④病気休職	短時間労働者（有期雇用労働者である場合を除く。）には、通常の労働者と同一の病気休職の取得を認めなければならない。また、有期雇用労働者にも、労働契約が終了するまでの期間を踏まえて、病気休職の取得を認めなければならない。 [問題とならない例] 　契約期間が1年である有期雇用労働者に対し、病気休職の期間は契約期間の終了する日までとしている場合。
⑤法定外の有給の休暇その他の法定外の休暇（勤続期間に応じて取得を認めている場合。慶弔休暇を除く）	法定外の有給の休暇その他の法定外の休暇（慶弔休暇を除く）であって、勤続期間に応じて取得を認めているものについて、通常の労働者と同一の勤続期間である短時間・有期雇用労働者には、同一の付与をしなければならない。なお、有期労働契約を更新している場合には、当初の労働契約開始時から通算して勤続期間を評価することを要する。

その他

　直接的な賃金の項目ではありませんが、教育訓練や安全管理に関する措置についても、ガイドラインでは以下のとおり指針が示されています。

支給項目	内　　容
①教育訓練	現在の職務の遂行に必要な技能又は知識を習得するために実施するものについて、通常の労働者と同一の職務内容である短時間・有期雇用労働者には、同一の実施をしなければならない。また、職務の内容に一定の相違がある場合においては、その相違に応じた実施をしなければならない。
②安全管理に関する措置及び給付	通常の労働者と同一の業務環境に置かれている短時間・有期雇用労働者には、同一の安全管理に関する措置及び給付をしなければならない。

通常の労働者と短時間・有期雇用労働者との間に賃金の決定方法に違いがある場合の取扱い

　通常の労働者と短時間・有期雇用労働者とで、賃金の決定基準やルールが異なる場合があります。そもそも通常の労働者は日給月給制、短時間・有期雇用労働者は時給制といったように、賃金形態が異なることがほとんどです。

　ガイドラインでは、こうした場合であっても、「『通常の労働者と短時間・有期雇用労働者との間で将来の役割期待が異なるため、賃金の決定基準・ルールが異なる』等の主観的又は抽象的な説明では足りず、賃金の決定基準・ルールの相違は、通常の労働者と短時間・有期雇用労働者の職務の内容、当該職務の内容及び配置の変更の範囲その他の事情のうち、当該待遇の性質及び当該待遇を行う目的に照らして適切と認められるものの客観的及び具体的な実態に照らして、不合理と認められるものであってはならない。」としています。

　つまり、賃金の決定基準やルールが異なること自体は問題ないものの、それが不合理なものであってはならないというわけです。

　また、通常の労働者と定年後に再雇用されて有期雇用労働者となっ

第3章　同一労働同一賃金と高年齢労働者

たものとの間の待遇の相違については「定年に達した後に継続雇用されたものであること」が「パートタイム・有期雇用労働法8条におけるその他の事情として考慮される事情に当たりうる。」としています。これは次の項で紹介する長澤運輸事件最高裁判決を踏まえたもので、要するに定年後再雇用者については、定年後再雇用者であること自体が「その他の事情」に当たるということです。とはいえ、定年後再雇用者であれば待遇等を会社の自由にしてよいというわけではない点には注意が必要です。

7 同一労働同一賃金をめぐる最高裁判例

　賃金の項目や福利厚生等の項目ごとに正規と非正規の労働条件を比較し、その相違に不合理と認められる点がないかを判断していくというのがガイドラインの考え方で、これは実際の裁判においても同様です。そのため、会社が同一労働同一賃金に関して判断に困った場合、基本的にはガイドラインを頼るのがよいかと思います。

　その一方で、ガイドラインはあくまで行政の法解釈に過ぎず、司法が必ず行政と同じ判断をするとは限りません。実際、同一労働同一賃金をめぐっては行政と司法で異なる判断も出てきています。加えて、ガイドラインでは明確な記載を避けている家族手当、住宅手当、退職金についても、裁判では一定の判断が行われています。

　そのため、ここからは、過去の裁判例において、同一労働同一賃金に対してどのような判断が行われてきたかを見ていきます。

　なお、以下で解説する同一労働同一賃金の事件はすべて、パートタイム・有期雇用労働法が施行される前に起こったものであるため、パートタイム・有期雇用労働法8条及び9条ではなく、旧労働契約法20条が適用されるかどうかが争われています。ただし、この旧労働契約法20条の内容は、現在のパートタイム・有期雇用労働法8条に統合されているため、基本的には、以下に挙げる裁判例と同様かそれに近い判断が今後も行われると考えられます。

ハマキョウレックス事件と長澤運輸事件の最高裁判決

　同一労働同一賃金の裁判例を語る上で欠かすことができないのが、

第 3 章　同一労働同一賃金と高年齢労働者

ハマキョウレックス事件と長澤運輸事件です。

　この2つの事件は、時系列的には、パートタイム・有期雇用労働法の施行や同一労働同一賃金ガイドラインが公表される前に、最高裁判所が同一労働同一賃金に関して判断を下したものではありますが、この2つの事件で示された同一労働同一賃金に対する考え方は、現在でも、同一労働同一賃金をどう考えるかの基礎となっています。

① ハマキョウレックス事件の概要

　まずはハマキョウレックス事件について見ていきます。

　ハマキョウレックス事件は、正社員と契約社員の間に、業務内容の相違及び業務に伴う責任について相違がなかったにもかかわらず、両者の間で賃金に相違があるのは労働契約法に違反するとして、契約社員が勤務先の会社を訴えたものです。

　最高裁は、正社員と契約社員の間の賃金の相違について、それが不合理と認められるかどうかを判断するにあたって、支給に相違のあった以下の賃金項目ごとに、その判断を行いました。

ハマキョウレックス事件で支給に相違のあった賃金項目
1. 無事故手当
2. 作業手当
3. 給食手当
4. 住宅手当
5. 皆勤手当
6. 通勤手当
7. 家族手当
8. 賞与
9. 定期昇給
10. 退職金

96

7 同一労働同一賃金をめぐる最高裁判例

　この判断を行う根拠として採用されたのが、本件が争われていた当時の労働契約法20条で定められていた、以下の3つの要件です。

---

1. 職務内容（業務内容・責任の程度）
2. 職務内容・配置の変更範囲（いわゆる「人材活用の仕組み」）
3. その他の事情

　上記の3つの要件は、見てわかるとおり、現行のパートタイム・有期雇用労働法8条が定めているものと同一です。
　ハマキョウレックス事件の判決では、個々の賃金項目について、上記の3つの要件を基準に、個別に不合理かどうかの判断を行い、結果、以下のような判断を行いました。

支給項目	最高裁の判断	主な理由
無事故手当	不合理性を肯定	安全運転及び事故防止の必要性については正規と非正規の間で差異が生ずるものではない
作業手当	不合理性を肯定	特定の作業を行った対価として支給されるものである一方、正規と非正規で職務内容は同一である
給食手当	不合理性を肯定	勤務時間中に食事を取ることを要する労働者に対し支給することがその趣旨にかなうものである
住宅手当	不合理性を否定	正社員には転居を伴う配転が予定されている一方、契約社員にはそうした規定はない。そのため、正社員のほうが住宅に要する費用が多額となり得る

97

第 3 章　同一労働同一賃金と高年齢労働者

支給項目	最高裁の判断	主な理由
皆勤手当	不合理性を肯定	皆勤を奨励する趣旨で支給されるものであり、契約社員と正社員で職務の内容が異ならないなら、出勤するものを確保することの必要性について差異が生ずることはない
通勤手当	不合理性を肯定	労働契約の期間の定めの有無によって通勤に要する費用が異なるものではない
家族手当	判断なし	労働契約法 20 条違反であったとしても契約社員に正社員の規定を当てはめることは困難なため、不合理かどうかの判断は行わず
賞　　与	判断なし	
定期昇給	判断なし	
退 職 金	判断なし	

　不合理と認められた手当については、細かな違いはあるものの、基本的にはガイドラインとほぼ同様の考え方で判断を行っています。つまり、正規と非正規で支給の前提条件が同じとなる手当については、基本的に均等待遇が必要と判断したわけです。

　一方、不合理と認められなかった「住宅手当」についてですが、こちらは契約社員の就業規則にはない出向を含む配転規定が正社員の就業規則にはあること、そして、住宅手当には「転勤に伴う住居の変更を補助する性格」があることから、正社員にのみ支給とすることは不合理ではないと判断しました。つまり、本件では単に「住宅を持っている」「住宅を借りている」ことだけが、住宅手当の支給条件ではないとしたわけです。その上で、正規と非正規の間に「転居を伴う配転の有無」という「労働条件等の相違」があったことにより、こうした判断に至ったといえます。

　また、「家族手当、賞与、定期昇給、退職金」については、本判決では明確な判断を避けました。これは有期雇用労働者と無期雇用労働

者との労働条件等の相違が、労働契約法 20 条違反に当たる場合であっても「同条の効力によって当該有期雇用労働者の労働条件が無期契約労働者の労働条件と同一のものとなるものではない」という判断から、正規と非正規で別個独立に就業規則が作成されている中では、正社員の就業規則の内容を契約社員にそのまま当てはめることは困難としたからです。要するに、「家族手当、賞与、定期昇給、退職金」については、その労働条件等の相違が仮に違法であったとしても、契約社員の労働条件を正社員と同一とすることはできないため（旧労働契約法 20 条にそこまでの効力はないため）、不合理かどうかの判断を行わなかったわけです。

② 長澤運輸事件の概要

一方の長澤運輸事件とは、定年後に再雇用され嘱託社員となったトラック運転手の男性 3 人が、他の正社員と業務等が同じにもかかわらず、正社員と定年後再雇用者とで賃金に相違があるのは労働契約法に違反するとして勤務先の会社を訴えたものです。

長澤運輸事件で争いになった賃金項目は以下のとおりです。

長澤運輸事件で支給に相違のあった賃金項目
1. 能率給
2. 職務給
3. 精勤手当
4. 住宅手当
5. 家族手当
6. 役付手当
7. 時間外手当
8. 賞与

そして、ハマキョウレックス事件と同様に、個々の賃金項目ごと

第 3 章　同一労働同一賃金と高年齢労働者

に、旧労働契約法 20 条の 3 つの要件を用いて、その待遇差が不合理かどうかの判断が行われました。

　最高裁は判決の中で、正社員と定年後再雇用者との間で「職務内容並びに当該職務内容及び配置の変更の範囲において相違はない」としました。つまり、3 つの要件のうち 1. と 2. の要件について相違はないと判断したわけです。

　そうであるなら、ハマキョウレックス事件と同様にほとんどの手当で、両者の待遇差については不合理であると判断されて然るべきであるように思えますが、実際に不合理と認められたのは「精勤手当」のみでした。これは最高裁が正社員と定年後再雇用者の賃金の相違について「職務の内容」「職務の内容・配置の変更の範囲」だけでなく、「その他の事情」を考慮したためです。

　どういうことかというと、判決の中で、最高裁はまず、定年制そのものを「長期雇用や年功的処遇」を前提とする上での「賃金コストを一定限度に抑制するための制度」としました。そうであるなら定年前と定年後の賃金体系の在り方は異なると考えられる上、定年後再雇用者は、一定の要件を満たせば老齢厚生年金の支給も受けることができることから、定年後再雇用者であることは「その他の事情」として考慮される事情になり得るとしたのです。

　これを踏まえ、個別の賃金項目について見ていくと、まず、定年後再雇用された労働者に「能率給」「職務給」の 2 つが支払われていないことについては「老齢厚生年金」が受けられること、さらには「老齢厚生年金」の支給が開始されるまで 2 万円の調整給が支払われていたことを理由に不合理ではないとしました。

　また、「住宅手当」「家族手当」については家族の扶養や生活費の補助を理由とする手当であるものの、定年後再雇用された労働者に関しては現役世代ほど必要性がないこと、やはり「老齢厚生年金」の支給を受けられることを理由に、支給がないことは不合理ではないとしています。

100

「役付手当」については役付者でない以上、支給しないことは不合理と認められるものではないとしています（ちなみに本件での労働者側は「役付手当」を年功給であるから支給せよと、労働者側がかなり無茶な主張をしていました）。

　最後の「賞与」については、すでに定年の際に「退職金」を受けていること、「老齢厚生年金」の支給を受けられること、他の手当の不支給を含めても、賃金の総額は定年退職前の79％程度であることを理由に、不合理と認められるものではないとしています。

　一方で、不合理と認められるとされた「精勤手当」については、定年前と定年後で職務内容が同一である以上、両者の間で「必要性に相違はない」との判断をしています（時間外手当については、その計算基礎に精勤手当を含んでいなかったため、原審に差し戻し）。これは、すでに述べた「均等待遇」に基づく考え方になります。

支給項目	最高裁の判断	主な理由
能率給	不合理性を否定	・嘱託社員には基本給、能率給、職務給ではなく基本賃金及び歩合給を支給しているが、基本賃金の額は定年退職時の基本給の額を上回っている
職務給	不合理性を否定	・歩合給に係る係数は能率給より高い ・老齢厚生年金の支給を受けることが予定されている ・老齢厚生年金の支給が開始されるまで２万円の調整給が支給される
精勤手当	不合理性を肯定	出勤を奨励する趣旨で支給される精勤手当は、定年前と定年後の職務内容が同一である以上、両者の間で精勤手当の必要性に相違がない

第 3 章　同一労働同一賃金と高年齢労働者

支給項目	最高裁の判断	主な理由
住宅手当	不合理性を否定	・老齢厚生年金の支給を受けることが予定されている ・老齢厚生年金の支給が開始されるまで2万円の調整給が支給される ・正社員について住宅費及び家族を扶養するための生活費を補助することには相応の理由がある一方，定年後再雇用者には老齢厚生年金や調整給が支給されるといった事情を総合考慮
家族手当	不合理性を否定	
役付手当	不合理性を否定	役付手当は年功給との主張だが、役付者に支給されるものであるため、役付者以外に支払われないのは不合理とはいえない
時間外手当	不合理性を肯定	正社員の超勤手当（時間外手当）の計算基礎には精勤手当が含まれる一方、嘱託社員の時間外手当の計算基礎には精勤手当が含まれていない
賞　　与	不合理性を否定	・老齢厚生年金の支給を受けることが予定されている ・老齢厚生年金の支給が開始されるまで2万円の調整給が支給される ・年収ベースの賃金が定年退職前の79%程度である ・定年退職にあたり、退職金の支給を受けている

③ 時代の流れとともに意味合いが変わった長澤運輸事件最高裁判決

　ハマキョウレックス事件と長澤運輸事件の2つの事件のうち、特に

ハマキョウレックス事件で示された諸手当に関する考え方は、企業が同一労働同一賃金を考える上で、現在でも非常に参考になるものであり、また、同一労働同一賃金ガイドラインの考え方とも一致します。

一方で、長澤運輸事件に関しては、判決が出た平成30年当時と現在では、判決の意味合いが大きく変わってきている点に注意が必要でしょう。

というのも、長澤運輸事件の判決全体というのは、老齢年金がもらえることを理由に、定年後再雇用の際に賃金を引き下げるという、当時の雇用慣行は概ね肯定するものでした。なので、長澤運輸事件が出た当時は、取りあえず、今はまだ定年後再雇用者の対応を大きく変える必要はない、と安堵することができました。

しかし、時代は流れ、現在では、男性の老齢厚生年金の支給開始年齢は65歳から（女性は令和12年度から）となり、定年後に再雇用されて65歳まで働いたとしても、会社で働いている間に年金はもらえなくなっています。つまり、「老齢年金の支給が予定されているから」という理由で支給されないのは不合理ではない、と判断された賃金項目に関して、当時の感覚のまま、定年後再雇用者の労働条件を決定することは非常にリスクが高くなったわけです。

とはいえ、最高裁は定年制という制度自体を「賃金コストを一定限度に抑制するための制度」とも捉えています。加えて、「住宅手当」や「家族手当」に関しては現役世代ほどの必要性はないとしているなど、老齢年金以外の部分に関しても、定年後再雇用者独自の「その他の事情」として考慮しています。こうした点は、老齢年金がもらえなくなったからといって変わる部分ではないので、「定年後再雇用」という事情が、同一労働同一賃金を考える上で「その他の事情」になり得ること自体に変わりはありません。ただ、それを過信しすぎることのリスクは以前よりも格段に上がっていると考えるべきでしょう。

第 3 章　同一労働同一賃金と高年齢労働者

令和 2 年に最高裁判決の出た 3 つの事件

　ハマキョウレックス事件と長澤運輸事件以降、しばらく同一労働同一賃金に関する最高裁の判断は出ていませんでしたが、令和 2 年 10 月、立て続けに 3 つの事件について、最高裁判所が同一労働同一賃金に関する判断を行いました。しかも、この 3 つの事件ではそれぞれ、賞与、退職金、家族手当というハマキョウレックス事件では判断が行われなかった項目に関する判断が行われています。

　以下ではこれら 3 つの事件について見ていきます。

① 大阪医科大学事件の概要

　まずは、賞与に関する判断を行った大阪医科大学事件についてです。

　こちらは教室事務員である正職員とアルバイト職員の賞与及び私傷病による欠勤中の賃金の有無等をめぐって争われたもので、結論からいうと、アルバイト職員に対して賞与と、私傷病による欠勤中の賃金の支払がなかったことについて、最高裁は不合理とは判断しませんでした。

　まず、判決では「基本給の 4.6 か月分が一応の支給基準となっており、その支給実績に照らすと、第 1 審被告の業績に連動するものではなく、算定期間における労務の対価の後払いや一律の功労報償、将来の労働意欲の向上等の趣旨を含むものと認められる。」としています。つまり、最高裁判所は本件の賞与の性質を功労報償的性格や意欲向上目的と判断したわけです。また、賞与の支給目的については、基本給（職能給）を支給基準としていることや、功労報償的性格や意欲向上目的といった賞与の性質から、人材の確保やその定着を目的としているとしています。

　では、正職員とアルバイト職員との労働条件等の相違はどうだったかというと、まず「職務内容」に関して共通する部分はあるものの、

104

アルバイト職員のものは正職員と比較して「相当に軽易であることがうかがわれる」としています。また、正職員には人事異動の可能性がある一方で、アルバイトには配置転換されることはないものとされており「職務内容・配置の変更範囲の有無」に関しても相違がありました。

さらに裁判所は、アルバイト職員から契約職員、契約職員から正職員といった段階的な登用制度を設けていたことを、「その他の事情」として挙げています。つまり、本人が望めば正職員になる道が用意されていたことが判断に影響したわけです。加えて、原告となったアルバイト職員の勤務期間は、欠勤中の在籍期間を含めても3年あまりしかなかった点も、判断に影響を与えたとみられます。

こうした賞与の性質や支給目的、労働条件等の相違を踏まえ、最高裁ではアルバイト職員に対し賞与を支払わないのは不合理であるとまでは評価することができるものではないとしたわけです。

なお、本件の2審では、賞与について「就労したこと自体に対して支給する考えである」と判断、結果、賞与の待遇差は不合理であるとしています。

一方の最高裁は、賞与について、こうした2審の判断とは異なる判断をしたことはすでに述べたとおりですが、逆にいうと、今後も、賞与の性質や支給目的によっては、今回と同様の案件であっても不合理と判断される可能性があると考えられます。

一方、私傷病による欠勤中の賃金について、正職員には支給してアルバイト職員に支給しなかった点について、裁判所は賞与とほぼ同様の理由で不合理とは認めませんでした。

第 3 章　同一労働同一賃金と高年齢労働者

支給項目	最高裁の判断	主な理由
賞　　与	不合理性を否定	・アルバイト職員は正職員と比べて業務が相当に軽易（職務内容の相違） ・配置転換の有無に違いがある ・アルバイト職員から契約職員、契約職員から正職員へといった段階的な登用制度があった
私傷病による欠勤中の賃金		・賞与や欠勤中の賃金は正社員の雇用確保を目的としている ・原告のアルバイト職員の勤務期間は欠勤中の在籍期間を含めても３年あまり

② メトロコマース事件の概要

　次に退職金について争われたメトロコマース事件です。

　本件では、地下鉄構内の売店業務に主に従事する正社員と契約社員との間に退職金の有無に差があるのは、不合理な待遇差に当たるかどうかが争われました。こちらも結論からいうと、最高裁は、契約社員に対して退職金の支払がなかったことについて、不合理とは判断しませんでした。

　その理由も大阪医科大学事件とかなり似ています。

　まず、本件の退職金については「対価の後払いや継続勤務等に対する功労報償等の複合的な性質を有する」としており、支給目的についても人材の確保やその定着を目的としているとしています。

　また、正社員と契約社員の職務内容については、概ね共通するものの、正社員がサポートやトラブル処理などエリアマネージャー業務に従事することがあったのに対し、契約社員は売店業務に専従しており、両者の「職務内容」に一定の相違がありました。また、両者においては、正社員には配置転換の可能性がある一方で、契約社員側には

106

なく「職務内容・配置の変更範囲の有無」に関しても相違がありました。加えて、大阪医科大学事件同様、段階的な登用制度があり、実際に運用もされていたことが「その他の事情」として考慮されています。

こうした理由と、退職金が持つ複合的な性質やその支給目的を踏まえると、両者の間の労働条件等の相違と退職金の支給の有無という待遇差に関しては、不合理であるとまで評価することはできないとしたのです。

ただし、大阪医科大学事件と比較すると、正社員と契約社員の「職務内容」「職務内容・配置の変更範囲の有無」の相違はそれほど大きくはありません。むしろ、「その他の事情」とされた段階的な登用制度がなければ、結果は変わっていた可能性もあるという見方もあるくらいなので、本件を参考にする場合はその点を十分に考慮すべきでしょう。

支給項目	最高裁の判断	主な理由
退職金	不合理性を否定	・正社員は業務の範囲が広範な一方、契約社員の業務は売店業務専従 ・配置転換の有無に違いがある ・契約社員から正社員への段階的な登用制度があった

③ 日本郵便事件の概要

最後は日本郵便事件です。

こちらは郵便業務を行う正社員と契約社員の間の手当等の支給の有無といった待遇差について争われたものです。本件は厳密には東京、大阪、佐賀の3つの事件に分かれていますが、本書では便宜上、これらをまとめて1つの事件として扱います。

本判決が出る前、最も注目されていたのが扶養手当（家族手当）に

第 3 章　同一労働同一賃金と高年齢労働者

対する判断でした。なぜなら、家族手当については、同一労働同一賃金ガイドラインでも、ハマキョウレックス事件でも明確な判断を避けていたからです。長澤運輸事件では判断が行われたものの、その理由は定年後再雇用者特有の事情に基づくものでした。

　そうした中、本判決では扶養手当を正社員にのみ支払い、契約社員には支払わないのは不合理な待遇差であると判断しました。扶養手当は「継続的な雇用を確保するために」支給される手当であるから、というのがその理由です。

　つまり、正規か非正規かといった雇用形態にかかわらず、契約社員であっても「相応に継続的な勤務が見込まれる」のであれば、扶養手当を支払う必要があると、最高裁は判断したわけです。「見込まれる」なので、実際に長期間雇用されていなくても対象となり得ると考えられます。

　同様に、病気休暇についても「継続的な雇用を確保するため」の制度であることから、「相応に継続的な勤務が見込まれる」のであれば契約社員に対しても与える必要があるとしています。結果、職務内容や配置の変更範囲等を理由に日数に差を設けることはともかく、正社員は有給、契約社員は無給という扱いをしていた本件については不合理であると判断しています。

　その他、扶養手当や病気休暇以外で最高裁判所が判断を行った年末年始勤務手当、夏期冬期休暇については、主に均等待遇の面から、いずれも、正社員には与えて契約社員には与えないという扱いは不合理であるとしています。

支給項目	最高裁の判断	主な理由
扶養手当	不合理性を肯定	・扶養手当は、生活保障や福利厚生を図り、継続的な雇用を確保するためのもの

支給項目	最高裁の判断	主な理由
		・そのため、相応に継続的な勤務が見込まれるのであれば、正社員だけでなく契約社員にも支給が必要
病気休暇	不合理性を肯定	・病気休暇は、生活保障や福利厚生を図り、継続的な雇用を確保するためのもの ・そのため、相応に継続的な勤務が見込まれるのであれば、正社員だけでなく契約社員にも付与が必要 ・職務内容や配置の変更範囲等の労働条件等の相違がある場合に、付与日数に相違を設けることはともかく、正社員を有給、契約社員を無給とするのは不合理
年末年始勤務手当	不合理性を肯定	従事した業務の内容や難度を支給要件としておらず、所定の期間において実際に勤務していたこと自体を支給要件としている
夏期冬期休暇	不合理性を肯定	・夏期冬期休暇は労働から離れる機会を与えることにより心身の回復を図る目的で与えられている ・正社員の夏期冬期休暇の取得の可否や日数は、勤続期間の長さに応じて定まるものとされていない ・契約社員は業務の繁閑に関わらない勤務が見込まれており、夏期冬期休暇を与える趣旨は、契約社員にも妥当する

　ちなみに本件は、最高裁だけを見ると、会社側に非常に厳しい判断が下されたように見えますが、最高裁が地裁、高裁の判断を支持して

いるもののうち（基本賃金、住居手当、夏季年末手当、外務業務手当、郵便外務業務精通手当、郵便内務・外務精通手当、早出勤務等手当、夜間特別勤務手当、通勤手当）、住居手当以外のものについては、不合理ではないとの判断を行っています。そして、住居手当が不合理と判断された理由としては、転勤なしの一般職（新一般職）に住居手当が支払われる一方で、同じく転勤のない契約社員に支払われていなかったことが主な要因となっています。つまり、結果はともかく、判断の基準自体はハマキョウレックス事件と同じだったわけです。

名古屋自動車学校事件

① 概要と地裁及び高裁の判断

令和2年の最高裁判決は、いずれも定年後再雇用者の絡まない事件でした。そのため、長澤運輸事件以降、長らく定年後再雇用者の同一労働同一賃金に関する最高裁判決は出ていなかったことになります。そのような状況だったこともあり、定年後再雇用者の同一労働同一賃金が争われた名古屋自動車学校事件は、地裁の段階からその行方が非常に注目されていました。

そして、令和5年7月、ついにこの名古屋自動車学校事件に関する最高裁判所の判断が出ます。

この名古屋自動車学校事件で争点となったのが基本給と賞与です。

長澤運輸事件では、能率給及び職務給と歩合給という、基本給に類する給与については争われたものの、基本給そのもの（基本給と基本賃金）については争われていませんでした。

加えて、基本給に関しては、長澤運輸事件のように能率給や職務給など、その支給目的や性質ごとに基本給が整理されている場合よりも、そうした性質や支給目的を混ぜこぜにし、様々な要素を含んだものをまとめて基本給としていることのほうが一般的です。

こうした基本給は、いわば、基本給の中身がブラックボックス化している状態なわけですが、本件で争われた基本給はまさにそうしたブラックボックス化した基本給でした。

また、本件では賞与についても争われています。長澤運輸事件でも賞与については争われていますが、長澤運輸事件で判断されたのは、あくまで賞与が不支給であることが不合理となるかどうかです。一方、本件で争われたのは賞与の減額支給が不合理となるかどうかであり、両者では争点が異なります。

以上を踏まえ、本件の概要を見ていくと、本件は、定年後再雇用する際に賃金や賞与を大幅に減額することは、旧労働契約法20条に違反していると、再雇用後に嘱託社員となった従業員が主張し、損害賠償を求めた事件となります。

この件について、地裁及び高裁は、定年前と後で職務内容や職責、人材活用の仕組みに相違がない上、労使交渉についても決裂していることを理由に、嘱託社員と正社員の間での賃金や賞与の相違は不合理であるとして、嘱託社員側の主張の一部を認めました。

「一部」というのは、地裁及び高裁では、定年後の賃金が、定年前と比較して、定年前の賃金の6割を下回る部分のみを不合理であると判断したからです。この6割という基準は「生活保障の観点からも看過しがたい水準」である、とされていますが、6割という数字の具体的な根拠までは述べられていません。

ただ、根拠は不明であっても、6割を下回った部分のみが不合理であるということは、逆にいうと、職務内容が同じであっても4割までの減額であれば問題ないと考えることもできます。そのため、名古屋自動車学校事件の地裁及び高裁の判断以降、基本給等の引下げについてはこの定年前の6割というのが基準として考えられるようになっていました。

第 3 章　同一労働同一賃金と高年齢労働者

② 最高裁による原審への差戻しとその理由

　しかし、令和 5 年の最高裁の判断によって、こうした対応に待った がかけられます。というのも、最高裁は原審の判断には解釈適用を 誤った違法があるとして、原審に差し戻したからです。

　最高裁が、原審の判断に誤りがあるとした理由は大きく 2 つありま す。

　1 つ目は、基本給や賞与であっても、他の諸手当同様にその性質や 支給目的を踏まえて、旧労働契約法 20 条の 3 つの要件を考慮する必 要があるにもかかわらず、原審ではそれをしていないこと。もう 1 つ は、不合理かどうかを判断する上で考慮すべき「その他の事情」とな る労使交渉について、本来は、その具体的な経緯についても勘案すべ きところを、原審ではその結果しか見ていない、という点です。

支給項目	最高裁の判断	主な理由
基 本 給	原審に差戻し	・定年前と定年後の各基本給（賞与）の性質や支給目的を十分に踏まえていない
賞　　　与		・労使交渉に関して経緯を勘案せず結果しか見ていないなど、事情を適切に考慮していない

　本書執筆時点では、差戻し審の判断はまだ出ていませんが、上記を 踏まえると、性質や支給目的の違いや労使交渉について検討した結 果、今回の賃金の引下げ幅は不合理ではないと判断される可能性はあ ります。また、最終的な判断が不合理か否かのどちらであっても、性 質や支給目的をどのように判断すればよいか、あるいは、性質等をき ちんと検討した上での引下げ幅の相場がどうなるのかといった部分が 明らかになる可能性は高いため、今後も本件からは目が離せないとい えます。

7　同一労働同一賃金をめぐる最高裁判例

　なお、最高裁は、定年前と定年後の基本給について、以下のことを理由に、異なる性質や支給目的を有するとみるべきとしており、差戻し審での争点になると考えられます。

定年前の基本給の性質等	定年後の基本給の性質等
・勤続年数による差異が大きいとまではいえないため勤続給的性格についてはそれほど大きくない（原審では勤続給的性格のみを認めていた） ・職務遂行能力に応じて額が定められる職能給的性質があるとみられる	・勤続年数に応じて増額されることはない

　ただ、どのような判断が行われるにせよ、会社側からするとわかりやすい基準であった「6割」という数字が、この最高裁の判断によって、定年後再雇用者の労務管理で使いにくくなったのは間違いありません。

ま と め

① 諸手当及び住宅手当・家族手当に関する判断

　以上の最高裁判所の判断において、まずいえるのは諸手当の考え方は基本的には同一労働同一賃金ガイドラインと同じということです。つまり、手当の支給目的に則り、その条件を満たしている労働者にきちんと支払っているかどうかが、判断において重要な材料となるわけです。

　そして、これはガイドラインで具体例の明示がなされなかった、住宅手当及び家族手当についても同様であることが、最高裁の判例で明らかになりました。

113

第 3 章　同一労働同一賃金と高年齢労働者

　ただし、この2つの手当については、「住宅を持っていたり借りたりしている」「家族がいる」こと自体がその条件ではなく、もっとその手当の本質的な部分を裁判所が重要視して判断している点には注意が必要です。

　具体的には、住宅手当であれば「転勤に伴う住居の変更を補助する性格」を持ち、転勤のある正社員と、それがない契約社員で支給に差があることは不合理ではない、というのが裁判所の判断でした。一方、家族手当については「社員の生活保障や福利厚生を図り、継続的な雇用を確保するためのもの」であるとし、相応に継続的な勤務が見込まれるのであれば、正社員だけでなく契約社員にも支給が必要との判断をしています。

　よって、今後これらの手当の見直しを行う際には、こうした支給目的を考慮に入れる必要があります。

② 均衡待遇が問われた大阪医科大学事件とメトロコマース事件

　また、賞与や退職金に関する最高裁判所の判断も、会社の同一労働同一賃金対応を考える上で非常に重要なものとなっています。

　何より、大阪医科大学事件の賞与に関する判断は、同一労働同一賃金ガイドラインの考えを覆すものでした。84ページで見たとおり、ガイドラインでは正社員に賞与を支給する場合、非正規にも何らかの形で賞与を支給すべきとしていますが、大阪医科大学事件では、賞与の支給目的や労働条件等の相違を踏まえ、それが相応のものであれば「なし」でもよいとしたからです。

　これにより、正規に賞与を支給している場合、必ず非正規にも支給しないといけない、ということではなくなりましたが、一方で、正規と非正規の間にどの程度の相違があれば「なし」にしてもよいのか、という見極めが重要となってきます。そして、それは当然、賞与の支給目的によっても変わってくることでしょう。

　一方、住宅手当や家族手当同様、同一労働同一賃金ガイドラインで

114

はっきりとした判断の行われなかった退職金については、今後、メトロコマース事件が一つの基準となってくるはずです。

賞与や退職金については、正規に支給されていて非正規には支給されていない、という扱いをしている会社は多いと思われますので、この2つの事件が会社の同一労働同一賃金対応にもたらす影響は非常に大きいと考えられます。

また、大阪医科大学事件とメトロコマース事件の2つ事件をトータルで見ると、この2つの判決は「労働条件等の相違」を理由とする「均衡待遇」について一定の判断をしたと考えることができますが、同様に均衡待遇が基本となる基本給や昇給についても、今後は同様かこれに近い判断が行われることが考えられるため、その重要性は賞与や退職金のみに留まりません。

③ 定年後再雇用者の同一労働同一賃金とその他の事情

では、定年後再雇用者の同一労働同一賃金についてはどうでしょうか。

定年後再雇用者の同一労働同一賃金においては、長澤運輸事件が特に顕著ですが、職務内容や配置の変更範囲と同じかそれ以上に「その他の事情」が重要視されています。もっとはっきりいってしまうと「定年後再雇用者であること」自体が待遇差の根拠となり得るという判断を長澤運輸事件ではしており、その点が、他の非正規と異なる特殊な点となっています。

とはいえ、長澤運輸事件でその根拠の1つとなっていた老齢厚生年金については、支給開始年齢が原則65歳に引き上げられたこともあり過信は禁物です。

一方、名古屋自動車学校事件においては、争点となった基本給や賞与の性質や支給目的について、それらの性質等の特定自体は行わなかったものの、定年前と定年後で異なる性質を有するものとみるべき、という考え方自体は示しています。

第 3 章　同一労働同一賃金と高年齢労働者

　そして、こうした定年前と定年後の基本給の性質が異なるという点は、会社側の自覚の有無はともかく、多くの会社に当てはまると考えられます。そのため、基本給に関しても、実質的に定年後再雇用者であることが同一労働同一賃金に影響を与えているといえます。

8 まとめ

見直すべきは諸手当から

　日本版同一労働同一賃金に対応する上で、まず検討すべきは諸手当です。

　諸手当については均等待遇が基本であり、雇用形態や職務内容ではなく、支給目的に当てはまるかどうかで、支給か不支給かを決定する必要があるものがほとんどだからです。つまり、諸手当については、支給目的に則り、払うか払わないかをデジタルに考える必要があるといえます。

　一方、基本給や昇給、賞与について求められているのは基本的には均衡待遇です。

　正規と非正規の場合、職務内容や人材活用の仕組みといった、基本給等を決定する上での前提となり得る部分に相違があることがほとんどです。そして、現状は、そうした相違と賃金等の待遇差との関係にはっきりとした相場があるわけでもありません。つまり、手当と比較して、基本給や昇給、賞与に関する待遇差についてはアナログに考える余地があるといえます。その分、会社としての判断も難しい一方、訴える側からしても計算を立てづらい部分があります。

　こうしたことから、日本版同一労働同一賃金において、まず見直しが必要となるのは諸手当となるわけです。極論を言ってしまうと、基本給以外の諸手当が多ければ多いほど労使間の争いの火種になり得るものは多くなり、逆に、手当の種類が少なければ少ないほど、そうした火種の数も減るといえます。

　実際、大手企業では、諸手当の見直しを行う動きを加速させていま

す。特に正規と非正規の格差について最高裁まで争った日本郵便は、最高裁判決や働き方改革関連法が成立する前の平成30年4月に正社員の一部手当の廃止を行っており、メディアでも大きく報道されました。

同一労働同一賃金における高年齢労働者と他の非正規との違い

次に、高年齢労働者と同一労働同一賃金についてです。

そもそもの話として、高年齢労働者が短時間・有期雇用労働者に該当しない場合、高年齢労働者の同一労働同一賃金を考える必要はありません。

逆に、高年齢労働者が短時間・有期雇用労働者に該当する場合、というのは、ほとんどの場合、定年後再雇用を理由に再雇用する際に、労働時間が短くなったり、契約が有期になったりした者がほとんどになると思われるので、高年齢労働者と同一労働同一賃金というのは定年後再雇用者と同一労働同一賃金の問題と言い換えることもできます。

では、定年後再雇用者と他の非正規とでどこに違いがあるかというと、それは定年後再雇用者の場合、定年後再雇用者であることそのものが、同一労働同一賃金における「その他の事情」として考慮されるという点です。ただし、名古屋自動車学校事件からもわかるとおり、定年後再雇用者であることだけですべてが解決する免罪符ということはなく、きちんと理由が求められます。また、長澤運輸事件ではその理由の一つであった年金制度が、当時と今とで大きく変わっていることも忘れてはいけません。

加えて、「定年後再雇用者であること」が待遇差の根拠とならない賃金項目も当然あります。特に諸手当はそうした傾向が強いことから、定年後再雇用者の同一労働同一賃金についても、やはり諸手当か

ら見直しを行っていくべきといえます。

高年齢労働者と
パートタイム・有期雇用労働法9条

　詳しくは4章以降で解説しますが、今後はますます高年齢労働者を戦力とすることを前提とする雇用が求められます。

　その場合、通常の労働者と高年齢労働者を同じ仕組みで労務管理する会社も出てくることでしょう。すでに述べたとおり、高年齢労働者が短時間・有期雇用労働者にならないのであれば同一労働同一賃金の問題はありません。一方、短時間・有期雇用労働者に当たるのであれば、同一労働同一賃金のことを考慮しなければならないわけですが、通常の労働者と高年齢労働者を同じ仕組みでそれを考えるとなると、気になるのがパートタイム・有期雇用労働法9条との関係です。

　高年齢労働者、特に定年後再雇用者を戦力として考えて雇用する場合、必然的に、職務内容及び人材活用の仕組みは通常の労働者と同一かそれに近いものとなるからです。

　そして、仮に、定年後再雇用者に9条が適用されれば、8条が適用されていれば不合理とされなかったような手当の不支給（例えば、長澤運輸事件における家族手当）について、9条が適用される場合には、通常の労働者と扱いが異なることを理由に「差別的取扱い」とされる可能性が出てきます。

　ただ、定年前と定年後で職務内容及び人材活用の仕組みが同一の定年後再雇用者に8条が適用されるのか、それとも9条が適用されるのかについては、実は諸説あり、地裁及び高裁レベルではあるものの、定年後再雇用者にパートタイム・有期雇用労働法9条の適用を否定した裁判例も出てきています。

　とはいえ、会社として、余計なリスクを負いたくないのであれば、9条の適用はできるだけ避けたほうがよく、そのためにも、職務内容

第 3 章　同一労働同一賃金と高年齢労働者

もしくは人材活用の仕組みを定年前と定年後で変更しておくほうがよいといえます。

高年齢労働者の同一労働同一賃金まとめ

　高年齢労働者の同一労働同一賃金に関してまとめると、基本的には通常の同一労働同一賃金対応と変わりません。

　リスクをできる限り抑えたいのであれば、短時間・有期雇用労働者と通常の労働者の職務内容をできる限り差別化し、短時間・有期雇用労働者に対して責任等を負わせず、さらには長期的な雇用も見込まれないようにするのが1つの回答となり得ます。

　一方で、定年後に再雇用された者が嘱託社員などの形で短時間・有期雇用労働者となる場合、定年前とほとんど同じ業務を行っていたり、責任を負っていたりするにもかかわらず、労働条件が引き下げられるということが一般的です。

　では、定年前と定年後で全く異なる業務をさせることができるかというと、会社によってはそれに適した業務がなかったりしますし、定年前と定年後であまりにかけ離れた業務を行わせると、それを嫌がらせ人事と取られ、同一労働同一賃金とは別の労使間トラブルに発生する可能性もあります。

　よって、同一労働同一賃金のために、短時間・有期雇用労働者と通常の労働者の職務内容をできる限り差別化し、短時間・有期雇用労働者に対して責任等を負わせないというのは、通常のパート・アルバイトには適用できても、定年後再雇用者に対して同じように適用するのはかなり難しいと考えられるわけです。

　こうした点を解決するには、日本版同一労働同一賃金、その他の各種法制度に加え、個々の会社の事情等を考慮に入れた上で、高年齢労働者の労務管理そのものを見直していく必要があります。

　そのため、次章からは、いわば「これからの高年齢労働者の労務管

120

理」を進めていくための具体的な方針や制度設計等について見ていきます。

第 4 章

高年齢労働者の
労務管理と方針

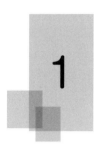

1 高年齢労働者の労務管理の制度設計

　本書では１章から３章を通じ、高年齢労働者の労務管理の変遷と、現在の高年齢労働者の労務管理において重要となる制度や裁判例について解説してきました。

　ここからは、いよいよ、ここまでの内容を踏まえ、過去の高年齢労働者の労務管理から脱却し、労使が納得できる新たな高年齢労働者の労務管理を目指すための制度設計について検討していくわけですが、その上で重要となるのが会社としての方針です。

　制度設計を行う上で、会社の方針がきちんと定まっていないと、制度に一貫性を持たせることが難しくなりますし、制度に歪な部分があると運用も難しくなります。加えて、高年齢労働者の労務管理の方針は、今や、高年齢労働者にだけ目を向けて決定すればいい、というものでもなくなっています。

　そのため、第４章では、高年齢労働者の労務管理の制度設計の方針をどのように決めるかだけでなく、決めるにあたって影響のある事項や考慮すべき事項についても具体的に見ていきます。

2 会社全体の戦略と戦術

高年齢労働者の労務管理だけを考えていればよい時代は終わった

　以前であれば、高年齢労働者の労務管理は良くも悪くも、定年後再雇用を理由に賃金を引き下げて、以降は 65 歳まで雇用して終わりという会社が多かったと思います。そして、こうした雇用慣行は多くの場合、会社全体の労務管理とは切り離されて行われていたと思います。

　しかし、それができたのは、単純にそれが人件費の削減に繋がることだったからに過ぎません。人件費が増えることに難色を示す会社はあっても、減ることに文句を言う会社はないからです。

　現在の高年齢労働者の労務管理は、会社全体の労務管理から切り離して行うことは難しくなりました。なぜなら、現在の高年齢労働者の労務管理は、人手不足や人件費、世代交代といった、会社全体の労務管理と密接に関連する複雑な問題となっているからです。

　そのため、これからの高年齢労働者の労務管理を考える上では、高年齢労働者の労務管理だけを考えるのではなく、会社の戦略と併せて考えることが必須になっているといえます。

戦略と戦術

　一般に、会社には「戦略」があるのが普通です。戦略とは、会社の中長期的な目標、経営理念やビジョンを達成するための方向性を示すものとなります。

125

第 4 章　高年齢労働者の労務管理と方針

　そして、こうした目標を達成するための具体的な行動が「戦術」です。目標と会社の現状の間にはギャップがあるのが普通ですが、そのギャップを埋めるのが戦術となります。経営における会社の中長期的な目標を達成するための手段となると、営業やマーケティング、ブランディングなどが思い浮かぶことでしょう。

　一方で、こうした戦術の一つひとつも、営業戦略やマーケティング戦略、あるいは「人事戦略」という言葉がよく使われるように、実は会社全体の戦略と同様の構造を持っている場合があります。

　どういうことかというと、例えば、営業戦略を細かく見ていくと、会社全体の戦略に沿った「目標」が掲げられ、その達成のための「具体的な行動」として、飛び込み営業やルート営業などの検討が行われる、といったふうになっていますが、これは前述した、会社の中長期的な目標を達成するために、具体的な行動がある、という会社全体の戦略と同じ構造です。

　つまり、ある大きな戦略から見たら、それは一つの戦術に過ぎないものであっても、その戦術だけにフォーカスを当てた場合、それは戦略であり、その中にさらに細かな戦術があるという構造が、戦略と戦術の間にはあるわけです。そのため、戦術を決定するにあたっても、そこには中長期的な目標やあるべき姿、あるいは「方針」がないと、戦術は機能しないといえます。とはいえ、こうした個々の戦術における方針は、その上位にあたる戦略を無視することはできません。

　そして、当然、高年齢労働者の労務管理もまた、この構造の中にあります。

　具体的には、会社の経営戦略の中の一つの戦術として人事戦略があり、さらにその人事戦略の戦術の中の一つには高年齢労働者の労務管理があるわけですが、その一方で高年齢労働者の労務管理単体で見たら、やはりそれは戦略なのです。

◆戦略と戦術の関係

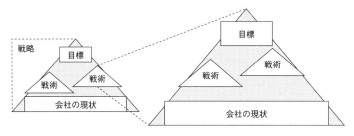

マクロの視点とミクロの視点

　以上の戦略と戦術の関係は、筆者の独自見解が含まれるものなので、批判や反論もあると思いますが、いずれにせよ高年齢労働者の労務管理に方針が必要なのは間違いありません。そうでないと、制度に一貫性を持たせることが難しくなりますし、制度に歪な部分があると運用も難しくなります。また、制度設計以外でも、方針がきちんと定まっていないと、個別の労働者ごとに場当たり的な対応となりがちです。労働者ごとに対応にブレがあると、労使間で争いとなったときに、労働者間の公平性を欠くなどの理由で会社は不利な立場に置かれる可能性が高まります。

　一方で、より大きな戦略、つまり、会社の人事戦略や経営戦略においては、高年齢労働者の労務管理はあくまで戦術の一つである以上、その中でどう位置づけられるか、ということを考慮する必要があります。仮に、高年齢労働者の労務管理の方針が、会社の経営理念やビジョンとブレがあると、こうした経営理念やビジョンは説得力を失い、会社の求心力を低下させることにもつながるからです。これは会社の規模にかかわらずの話ですが、高年齢労働者の比率の高い会社ではその重要性はより高まることでしょう。

　このように、高年齢労働者の労務管理を考える上では、マクロからミクロに向かって考える必要があるわけですが、よりミクロな部分、

具体的には個々の労働者の事情というのも無視できません。実際に高年齢労働者の労務管理をするとなると、労働者側から意見や意向などが出てきたりするからです。そして、こうした意見や意向は人手不足等で、高年齢労働者に辞められては会社が立ち行かなくなるような会社ほど、無視はできないでしょう。

　つまり、高年齢労働者の労務管理の方針を決定する上では、マクロの視点だけでなくミクロの視点も必要となるわけです。

3 高年齢労働者の労務管理の方針を決定する上で考慮すべき事項

　前項を踏まえ、以下では、高年齢労働者の労務管理における、会社の方針を決定する上で考慮すべき事項について、より具体的に見ていきます。

　なお、法制度の詳細について、1章から3章にかけて、すでに解説済みのものについてはこちらでは説明を簡略化しているので、詳細は該当ページにて確認してください。

人事戦略等の会社の事情に関連する事項

　まず初めに、高年齢労働者の労務管理の方針決定において、会社の人事戦略が関わってくる部分について見ていきます。

　本来であれば、人事戦略のさらに上、経営戦略まで考慮し、明確な経営戦略がない場合は、それをどうしていくか、というところまで検討すべきなのですが、本書の趣旨とは外れてしまうので、経営戦略については「すでにある」ことを前提に話を進めていきます。

① 人件費の抑制・再配分

　そもそも、定年後再雇用を理由に賃金を引き下げるという雇用慣行が、これまで多くの企業で行われてきた理由は、人件費の抑制というのが第一にあったかと思います。特に日本の雇用慣行では、賃金を引き上げると、後から下げることが難しいので、年功序列型賃金では労働者が高齢になるほど賃金が高くなる傾向にありました。このように一度上がった賃金を大きく下げられるチャンスが定年退職及び再雇用だったわけです。

129

また、高年齢労働者の賃金を引き下げる効果は、単に人件費を抑制することだけに留まりません。なぜなら、引き下げた賃金の分を他の労働者に配分することができるからです。特に近年では人手不足や物価高から、若い労働者を確保することが難しくなっているため、きちんとコストをかけないと人を集めることが難しくなっています。

人件費の抑制という目的自体は、現状でも同一労働同一賃金に則って行えば可能ではあるものの、一方で、何のために高年齢労働者の賃金を引き下げるか、あるいはその必要があるのかは、会社の戦略に則り考えておく必要があるでしょう。

② 人手不足と世代交代

人手不足でなかなか新しい人を雇用できないという場合、今いる労働者にできるだけ長く働いてもらおう、と考えるのはある意味、当然の流れです。となると、高年齢労働者をこれまでのように65歳までではなく、70歳やそれ以上でも働ける限りは働いてもらう、ということも選択肢となります。

とはいえ、どんなに高年齢労働者の働ける期間を延ばしても、その労働者が永遠にその会社で働き続けることは不可能です。

そのため、人手不足で高年齢労働者に長く働いてもらうこと自体は非常に重要ですが、会社を永続させるにはその先のことも見据える必要があります。

③ 他の非正規雇用の制度との兼ね合い

高年齢労働者、特に定年後再雇用者の場合、多くは短時間・有期雇用労働者、すなわち非正規の労働者となります。一方で、多くの会社には、パートやアルバイトのように、定年後再雇用者以外の非正規労働者もいます。

両者は同じ「非正規」であり、政府の統計などでも一緒にされることが多いですが、こと会社内でいえば、両者を同じ扱いとしていると

ころは少ないことでしょう。両者は雇用に至る経緯も違えば、行っている業務も違うことが多く、それこそ同じ「非正規だから」という理由で両者の制度を統一することは困難、もしくは不可能な会社が多いはずです。

ただ、同一労働同一賃金を考える上で、パート・アルバイトも定年後再雇用者も、比較対象となるのは、どちらも同じ「通常の労働者」となるので、制度設計を行うにあたっては両者のバランスというのは考えておく必要があるでしょう。

また、一方で、働き方改革以降、同一労働同一賃金を盾に、政府は会社に対して正規と非正規という枠組みを取り払うよう働きかけています。実際には、正規と非正規の枠組みの解消なしでも、日本版同一労働同一賃金の達成は可能ではあるものの、これを機に人事制度改革の一環として、あるいはジョブ型雇用の導入のため、そうしたチャレンジを行いたいと考える会社もあるかもしれません。

その場合、正社員とパート・アルバイト等の制度統一だけ、あるいは正社員と定年後再雇用者の制度統一だけ、といったように、一部分ではなく、パート・アルバイト等、定年後再雇用者、まとめて正社員と制度を統一することが望ましいといえます。

そのため、正社員とパート・アルバイト等の制度統一、あるいは正社員と定年後再雇用者の制度統一を考える場合は、正社員とパート・アルバイト等と定年後再雇用者の制度統一についても検討すべきでしょう。

④ 高年齢労働者をいつまで雇用するか

前書きで述べたように、本書では日本の雇用慣行を踏まえ、60歳以上を高年齢労働者としてきました。高年齢者雇用安定法では55歳以上を高年齢労働者としていますが、実務上は、55歳や57歳の労働者を高年齢労働者と考えている会社はほとんどないとの考えからです。

もっといえば、高年齢労働者を何歳からと考えるか、あるいは何歳

131

までの労働者を通常の労働者と考えるかは会社次第でしょう。例えば、65歳を定年としている場合、62歳や64歳の労働者は通常の労働者として扱っていることがほとんどではないでしょうか。

つまり、何歳までが通常の労働者で、何歳から高年齢労働者と考えるかについては、法令に違反しない限り会社の自由なわけです。

加えて、その高年齢労働者を何歳まで雇うかについても、法令に違反しない限り会社に裁量があります。

これは①や②の内容にも通じる話ですが、会社に、高年齢労働者を何歳まで雇うつもりがあるかによって、高年齢労働者雇用の方針は変わってきます。65歳まで雇う場合と70歳まで雇う場合とではかかる人件費は変わってきますし、社内の業務の引継ぎ、世代交代のペースなどにも影響が出るからです。

そのため、会社の高年齢労働者の方針を決めるにあたっては、何歳からが高年齢労働者で、何歳まで高年齢労働者を雇用するかは検討しておく必要があります。ただし、はっきりと何歳までと決めるのは、高年齢労働者の労務管理全体の方針を決め、実際に人事制度を構築していく段階でも問題ありません。先に年齢だけ決めて制度設計したら、この年齢だと不都合がある、となることも考えられるからです。あくまで、これくらい、と当たりを付けておくのが重要です。

なお、高年齢労働者を何歳まで雇用するかについては、高年齢者就業確保措置についても考慮しておく必要があります。高年齢者就業確保措置は今のところ努力義務に留まりますが、過去の高年齢者雇用安定法の改正の歴史を踏まえれば、近い将来義務化される可能性が高いからです。

労働者側の需要からみた考慮すべき点

次に、労働者側の視点から、高年齢労働者の労務管理に関する会社の方針を決める上で、考慮すべき事項を挙げていきたいと思います。

3 高年齢労働者の労務管理の方針を決定する上で考慮すべき事項

① 就労意欲

　高年齢労働者の就労意欲については政府、民間の調査を問わず、基本的には高い数値が出ています。

　例えば、「令和6年版 高齢社会白書」における「あなたは、何歳ごろまで収入を伴う仕事をしたいですか（令和元年度調査）」というアンケートでは、8割を超える人が65歳かそれ以上の年齢まで働きたいと考えていることがわかります。70歳かそれ以上まで、という括りで見ても6割近い人が働きたいと考えていることを踏まえると、もはや、高年齢者雇用安定法で義務づけられている高年齢者雇用確保措置だけでは足りず、努力義務である高年齢者就業確保措置の導入も視野に入れていかないと、労働者側の需要は満たせないというところまで、高年齢労働者の就労意欲は高まっていることがわかります。なお、こうした労働者側の需要とは裏腹に、同白書における統計では、高年齢者就業確保措置を実施している会社は、全体の3割ほどに留まっていることがわかっています。

　これらに加えて、定年後再雇用者のように60歳以降も働いている人ほど、就労意欲が高いことも見逃せません。

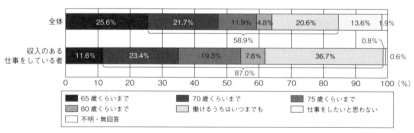

あなたは、何歳ごろまで収入を伴う仕事をしたいですか

資料：内閣府「高齢者の経済生活に関する調査」（令和元年度）
（注）調査対象は、全国の60歳以上の男女。
出典：「令和6年版 高齢社会白書」

　一方、これは日本と海外の高年齢労働者の趣向を比較した統計にな

133

るのですが、令和3年の高齢社会白書では、日本の高年齢労働者と海外の高年齢労働者が労働を続ける理由に違いがあることがわかっています。具体的には、海外の高年齢労働者には「仕事そのものが面白い」という理由から就労を続ける人が多い一方で、日本の高年齢労働者は「収入がほしい」ことを理由に、高齢になっても働き続ける人が多くなっているのです。

就労の継続を希望する主な理由

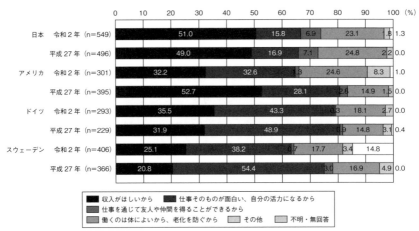

出典:「令和3年版 高齢社会白書」

この「収入がほしい」が、どの程度の収入がほしいかまでは統計には出てこない部分ではありますが、あまり低くなりすぎると、労働者側の需要を満たすのが難しくなるのは間違いありません。

② 60歳の崖に対する意識

定年を機に賃金を引き下げる雇用慣行について、最近では「60歳の崖」と呼ぶ動きもあります。

呼び方は何であれ、以前であれば、特別支給の老齢厚生年金や高年齢雇用継続給付があったので、賃金が下がるといっても、そこにワンクッションあったのは確かです。しかし、こうしたクッションがほぼ

なくなった現在では、以下のように、60歳の崖に納得いかないとして、反発する意識が高年齢労働者側に生まれています。

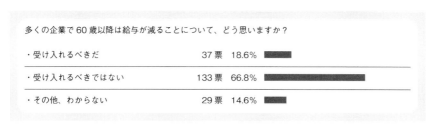

出典:「どう思う？　60歳の崖」(朝日新聞デジタルフォーラム)

　60歳の壁に対する具体的な意見としては「同じ仕事をしているのに給与が下がるのはおかしい」、「一律に年齢によって線引きをするのは年齢差別だ」といった意見が多かった一方、少数ながら「それまで収入が多かった正社員なので仕方がない」「若い世代の給与を上げるために必要だ」といった意見もありました。

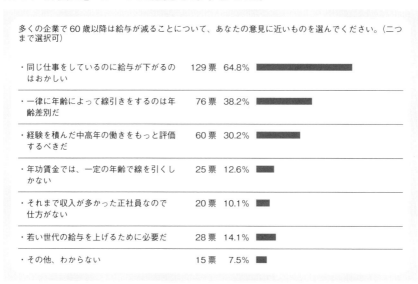

出典:「どう思う？　60歳の崖」(朝日新聞デジタルフォーラム)

　引用している朝日新聞デジタルの調査（募集期間は2023年10月

26 日～2023 年 11 月 16 日 14 時、回答数は 199）は、全世代が投票可能なネット調査であり、きちんとランダムサンプリングされていないため、統計的に必ずしも正しいとはいえません。ただ、投票者の大半が 50 代及び 60 代であることを踏まえると、60 歳前後の世代の 60 歳の崖への反発意識が高いことは十分にうかがえるかと思います。

③ 個々の労働者の事情や要望

　上記の他にも高年齢労働者には、個々の様々な事情や要望があるのが普通です。

　定年後も変わらず働き続けたい人もいれば、労働時間を減らしたい人もいるでしょう。

　また、同じ高年齢者であっても 60 代前半から 60 代後半、70 代と歳をとっていく中で、変わらず元気という人もいれば、体力がガクッと落ちてくる人もいます。また、家庭の事情でいうと親ではなく配偶者の介護が必要という場合もあるでしょう。

　その他、金銭面でみると、60 代前半だとまだ家のローンが残っていたり、子供の学費がまだまだかかったりという人もいるかと思いますが、60 代後半になってくるとそういう人は減ってきます。そのため、60 代前半と比べると賃金を減らされて困る、という人は減ってくるはずです。一方で、年金や貯蓄が老後に向けて十分でないという人もいますし、住居が持ち家か賃貸かで、老後に必要な資金も変わってきます。

　こうした労働者の個々の事情をどこまで考慮するか、どこまで考慮しないといけないのか、というのはとても難しい問題です。

　なので、こうしたことを踏まえ、労働者側の事情や要望に合わせて、個々の労働条件を決定したいと考える会社もあることでしょう。それも一つの方針だとは思いますが、だとしても、会社としての一定の方針は決めておかないと、制度設計自体が困難となります。

　よって、会社としては、労働者の事情や要望を考慮するとしても、高

年齢労働者の労務管理のプリンシプル（原理原則）を固めた上で、労働者個々の能力や健康状態、家庭の事情、今後のキャリアプランに関する要望を踏まえて労働条件を決めていくことが最善かと思われます。

法令に関連する考慮すべき事項

　高年齢労働者の労務管理が労働契約や就業にかかわることである以上、法令やそれに関連する制度についても無視することはできません。

　こちらについては、方針を決めた後の制度設計の際により重要となるので、考慮に入れるのは制度設計のときで構わないものもいくつかありますが、方針の段階で概要程度は押さえておいたほうが問題は少ないかと思われます。

① 高年齢者雇用安定法
ア　定年年齢（27 ページ）

　定年については、そもそも定年年齢を定めるかどうかは会社の自由である一方、定めるのであれば 60 歳以上に設定する必要があります。つまり、高年齢労働者の労務管理においては、そもそも定年を定めるのかどうか、そして、定める場合は 60 歳以上とすることは前提で、何歳にするのか検討する必要があります。

　また、何らかの事情で、定めている定年年齢よりも上の労働者を雇用する必要性が出てきた場合のため、特定の場合にはこの年齢で定年とする、といった第二定年を設定することもリスク回避の観点から検討する必要があります。

イ　高年齢者雇用確保措置（27 ページ）

　会社は、雇用する高年齢者の 65 歳までの安定した雇用を確保するため、以下のうち、いずれかの措置を講ずることが義務づけられています。

137

第 4 章　高年齢労働者の労務管理と方針

1．65 歳以上までの定年の引上げ
2．希望者全員を対象とする 65 歳までの継続雇用制度（勤務延長制度もしくは再雇用制度）の導入
3．当該定年の定めの廃止

　上記のうち、「定年の引上げ」、「定年の廃止」、「勤務延長制度」の3つについては、通常の労働者のまま、いつまで雇い続けるかの違いでしかありません。

　つまり、基本的には、定年後に再雇用して契約内容を見直すか、60歳以降も 60 歳前と変わらない条件で雇い続けるか（雇い続ける場合はいつまで雇い続けるのか）、の選択となります。

ウ　高年齢者就業確保措置（28 ページ）

　高年齢者雇用確保措置に加えて、令和 3 年 4 月 1 日より、65 歳から 70 歳までの安定した雇用または就業を確保するための「高年齢者就業確保措置」の実施が、事業主の努力義務として追加されました。ただし、高年齢者雇用確保措置の時点で高年齢者就業確保措置と同等か、またはそれ以上の措置をすでに実施している場合はこの限りではありません。

1．当該定年の引上げ
2．65 歳以上継続雇用制度（現に雇用している高年齢者等が希望するときは、当該高年齢者をその定年後等に引き続いて雇用する制度をいう。）の導入
3．当該定年の定めの廃止
4．創業支援等措置

※　1、2、4 については高年齢者の 70 歳までの雇用または就業を確保するものである必要があります。

138

努力義務なので、そもそも実施するだけの余裕があるかどうかがまず会社によって異なると思いますが、仮に高年齢者就業確保措置を実施する場合でも、70歳までの就業確保を達成するための方法については、65歳までの雇用確保のためにどのような措置を取ったかに大きな影響を受けます。

例えば、65歳までの雇用の際に継続雇用制度を採用し、70歳までについても同様に継続雇用制度を行うというのはとても自然な流れですが、一方で、65歳まで継続雇用制度を行い65歳以降は定年を廃止する、というのは制度として非常に不自然です。もちろん65歳までの働きを見て「この人だけは」本人が働きたいうちは何歳になっても働いてもらいたい、という人はいるかもしれません。しかし、それは個々の労働者に対して特例的に行うことであって、制度として行うことではありません。

以上のことから、わざわざ高年齢者雇用確保措置と高年齢者就業確保措置を別々に考えるのではなく、一体としてどのように扱っていくかを考えたほうが合理的といえます。

以下は、高年齢者雇用確保措置でどのような措置を実施したかによって、高年齢者就業確保措置において、現実的にどのような措置が選択できるかをまとめたものです。

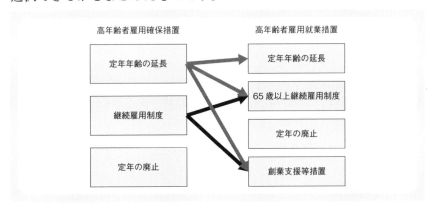

見てわかるとおり、65歳までの段階で定年の廃止をしている場合は高年齢者就業確保措置の実施自体が不要です。また、先ほども触れましたが、65歳まで定年年齢の延長をしたり、継続雇用をしたりしているのに、65歳以降で定年の廃止をするのは現実的ではないため、高年齢者就業確保措置の段階で「定年の廃止」という措置を選ぶ会社はほぼないはずです。

　最後に創業支援等措置についてですが、こちらは高年齢労働者の希望が前提となります。一方、個人事業主での就業を望まない高年齢労働者も多いと考えられるため、基本的には他の措置と併せて実施するのが前提となります。

　ただ、現状の高年齢者就業確保措置は努力義務に留まるため、例えば、創業支援等措置だけを高年齢者就業確保措置として実施して、フリーランス化等を望まない高年齢労働者については退職してもらう、ということもできなくはありません。

　しかし、過去の高年齢者雇用安定法の改正の歴史を踏まえると、将来的に高年齢者就業確保措置が義務化される可能性は高いとみられます。そうなると創業支援等措置だけでは、対応として足りない、となる可能性も出てくるので、創業支援等措置を実施する場合は、将来を見据えて他の選択肢も併せて用意するのがよいかと思います。

② 社会保険
ア　社会保険の加入喪失（38ページ）

　一般に「社会保険に加入する」という場合、「健康保険」「厚生年金保険」「介護保険」の3つの保険に加入することをいいます。

　この3つの保険は、加入の上限年齢がそれぞれ異なり、健康保険は75歳になるまで、厚生年金保険は70歳になるまで加入することができます。一方、介護保険については、加入の下限（40歳）がある一方で、上限年齢はありません。しかし、65歳になると介護保険の第一号被保険者という扱いになり、健康保険・厚生年金保険の加入の有

無にかかわらず、介護保険料の納付先が市区町村に変更されます。

　また、2章で見たとおり、その労働者が雇用されている会社が特定適用事業所かそうでないかで社会保険の加入条件が変わります。

　以前は、社会保険に加入しない範囲で定年後の労働条件を調整する、ということが少なからず行われていました。これは在職老齢年金による年金の調整を避けるためです。しかし、年金の支給開始年齢が引き上げられ、在職老齢年金に変更が加えられて以降は、少なくとも収入面で高年齢労働者がそのように望むインセンティブはなくなっています。

　一方で、社会保険のうち特に健康保険については加入できるかどうかを気にする人が多いので、定年後再雇用の際に所定労働時間を減らしすぎたりしないよう気をつけるほうが、現在では優先度は高いかもしれません。

イ　老齢厚生年金の支給開始年齢（36ページ）

　現行の制度では原則60歳から老齢厚生年金をもらうことはできず、さらに、男性は令和7年度以降、65歳からしか老齢厚生年金をもらうことができなくなります。女性が原則65歳となるのは令和12年度以降ですが、そこから逆算すると、令和7年度以降に60歳となる女性労働者についてもやはり65歳からしか老齢厚生年金をもらうことはできません。

　そのため、今後の高年齢労働者の労務管理を考える上では、65歳までは年金がもらえないことを前提とする必要があるわけです。

　なお、老齢厚生年金を繰上げ受給する場合は65歳より前に年金の支給を受けることも可能ですが、繰上げ受給をするかどうかは労働者側の個人の判断によるものなので、会社側が、自社の高年齢労働者の労務管理の方針の中に意図して組み込めるものではありません。

第 4 章　高年齢労働者の労務管理と方針

ウ　在職老齢年金（37 ページ）

在職老齢年金は、60 歳以降の労働者について、勤務先で賃金・賞与をもらえる場合に、年金の支給額を調整する制度です。

かつては、この在職老齢年金の調整を避ける名目で定年後再雇用者の賃金を大幅に引き下げる労務管理が行われていました。しかし、現在では制度の変更により、年金が減額となる基準の額が大きく引き上げられている上、すでに述べたとおり、老齢厚生年金の支給開始年齢も原則 65 歳となっています。

そのため、今後の高年齢労働者の労務管理を考える上では、在職老齢年金を前提としていたこれまでの労務管理から脱却が急務であるといえるでしょう。

なお、年金の支給開始年齢となる 65 歳以降も年金をもらいながら働くという場合、当然、在職老齢年金の対象となるので、65 歳超の雇用を検討する場合は在職老齢年金を考慮する必要が出てきます。

とはいえ、調整の基準となる額は現行でもかなり高く設定されている上に、将来的にはさらなる対象縮小（基準額の引上げ）も見込まれます。加えて、65 歳を超える場合、収入もかなり下がっている人が多いと思われるので、対象となる人はそれほど多くはないでしょう。

③ 雇用保険

ア　高年齢雇用継続給付（41 ページ）

高年齢雇用継続給付とは、60 歳到達時点の賃金と比較して、60 歳以後の賃金が大きく下がった場合に、その一部を雇用保険から補填する制度です。

在職老齢年金と併せて、これまでは本制度があることを前提とした高年齢労働者の労務管理が行われていました。しかし、引き下げられた賃金額と比較して、本制度で補填される額はわずかであり、在職老齢年金が機能していた時期ですら、高年齢雇用継続給付は補完的な立場であったことから、在職老齢年金を前提とした労務管理が難しくな

142

る以上、高年齢雇用継続給付を前提とした労務管理はより難しいと考えられます。

加えて、本制度は令和7年4月より給付額は縮小、さらに将来的な廃止が予定されています。

イ　基本手当と高年齢求職者給付金（40ページ）

65歳以降の雇用保険の被保険者は高年齢被保険者という扱いとなり、65歳になる前とは区別されます。それと併せて、失業の際に給付される手当も、基本手当ではなく高年齢求職者給付金に変更されます。高年齢求職者給付金は基本手当よりももらえる日数は短いものの、雇用保険の加入期間が短く、一時金（一括）での支給となります。

高年齢求職者給付金よりも基本手当のほうがもらえる日数が多いことから、高年齢労働者からすると65歳よりも前に退職するインセンティブとなる場合があります。

ただ、会社に65歳までの雇用確保措置の実施が義務づけられている以上、65歳より前の退職を前提に制度設計することは不可能です。しかし、労働者によっては基本手当の支給を受けたいという人もいると思うので、そういった選択肢もあることを労働者に提示し、自由意志によって選択してもらう分には問題ありません。

④ 労働契約

ア　同一労働同一賃金

3章で解説したとおりですが、高年齢労働者が短時間・有期雇用労働者となる場合、パートタイム・有期雇用労働法、同一労働同一賃金ガイドライン、その他各種判例に基づいて労働条件を決定しないと、労使間で争いになった場合に会社が不利となります。

高年齢労働者が短時間・有期雇用労働者となる場合、避けては通れない制度であるため、制度の内容の把握がまだ不完全という場合は、

第 4 章　高年齢労働者の労務管理と方針

3章の内容を繰り返し確認いただければと思います。

イ　無期転換ルール（32 ページ）

　高年齢労働者のうち、特に定年後再雇用者に関しては、有期雇用での契約期間が通算で5年を超えるというシチュエーションは、制度設計によっては十分に起こり得るものです。ただし、仮にそういったことが起こったとしても、有期雇用特別措置法の第二種計画認定を受けていれば、基本的には問題ありません。

　そのため、無期転換ルールに関しては、高年齢者の労務管理の方針決定に大きな影響があるわけではないですが、きちんと取るべき手続きをしていないと無用なリスクを負うことになるため、運用面では非常に重要となります。

ウ　最低賃金

　最低賃金については令和5年度、令和6年度と2年連続で引上げ額が過去最高となりました。

　定年後再雇用を機に賃金を引き下げる場合、引き下げた後は昇給等を行わないのが普通です。そして、その引き下げた後の賃金が低すぎる場合で、かつ最低賃金の引上げが今後もハイペースで続く場合、定年後再雇用から1年目、2年目は問題なくても4年目、5年目と経過する頃には、定年後再雇用者の賃金が最低賃金を下回っている、ということも考えられます。

　そのため、仮に定年後再雇用者の賃金を固定する場合であっても、最低賃金の上昇によってはその引上げに対応する必要があります。

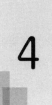
4 高年齢労働者の労務管理の方針の決定

　前項までの内容を踏まえ、ここからは高年齢労働者の労務管理の方針を決定していくわけですが、実は、高年齢労働者の労務管理の方針に関しては、会社ごとに細かな差異はあったとしても、大きく分けると「法律上の義務を果たすために仕方なく雇用する」か、それとも「会社の戦力として雇用する」かの2つしかありません。

　以下では、その2つの方針について見ていきます。

福祉的雇用

　高年齢者雇用安定法により、会社には、高年齢労働者に対し様々な義務が課されています。

　このような法的義務を果たすためだけの雇用を、本来の意味での「雇用」、すなわち、人を雇い、労務の提供に対してその対価として賃金を支払うという意味での「雇用」と呼ぶのは難しく、学習院大学の今野浩一郎名誉教授はこうした雇用のことを「福祉的雇用」と呼んでいます。本書でも以降はこれにならい、こうした高年齢者の雇用のことを「福祉的雇用」と呼んでいきます。

　本書で折に触れて解説してきた「定年後再雇用を理由に賃金を引き下げる」という、かつての主流だった日本の雇用慣行は、まさに「法律上の義務を果たすために仕方なく雇用する」ものであり、年金や雇用保険などの制度も長年、こうした慣行を補助するものとなっていました。

　では、こうした福祉的雇用を今後も続けていくことができるかというと、不可能ではないにしろ、同一労働同一賃金等にきちんと配慮し

ないと、リスクがあります。また、賃金を引き下げた際の、その補填となる公的な給付もどんどんなくなっているため、その点を考慮せずに労働条件等を決定すると、労働者側の不満要因になり得ます。

それでなくても、「定年後再雇用を理由に賃金を引き下げる」というのは、職務や職責、成果と賃金の関連性のない賃金の決定方法であり、はっきりいえば、高年齢労働者の働きを評価することなく賃金を決める方法です。

そのため、福祉的雇用は高年齢労働者の労働意欲を奪う可能性があり、高年齢労働者の離職や生産性低下のリスクがある雇用の仕方であるといえます。

戦力としての雇用

福祉的雇用とは反対に、定年後も高年齢労働者を戦力として考えて雇用し、その働きに応じて賃金を支払う場合はどうでしょうか。

こちらについては、通常の労働者の頃と変わらない貢献を求めるのか、それとも、戦力としては考えるけれども高年齢労働者になった後は通常の労働者とは異なる形での貢献を求めるのかという、2つの方向性があります。

① 通常の労働者の頃と変わらない貢献を求める

まず、1つ目の戦力としての雇用の方向性として、高年齢労働者に対し「通常の労働者の頃と変わらない貢献を求める」というのがあります。

これは小規模の会社に多い考え方ですが、高年齢労働者に切り替わる定年前後で労働条件や職務内容を変更しない、もしくはそもそもそうした切り替えを行わず、通常の労働者の時と同じようにそのまま働いてもらう形になります。

この場合、賃金の引下げというリスクを冒す必要はありませんし、

評価制度などの人事制度も通常の労働者と高年齢労働者で分ける必要もありません。仮に分けたとしても、労働条件や職務内容を変更しない以上は、定年前と定年後の制度の差異はわずかなものとなるでしょう。

一方、通常の労働者の頃と変わらない貢献を求める場合であっても、労働時間や労働日数を減らしたり、契約期間を有期にしたりするのであれば、同一労働同一賃金の対象になる点には注意が必要です。特に、職務内容や職責そのままに短時間・有期雇用労働者となる場合、パートタイム・有期雇用労働法8条ではなく、9条の対象となる可能性が高まります。

そのため、通常の労働者の頃と変わらない貢献を求めるとしつつも、賃金を下げる場合、あくまで労働時間に比例する形にするなど、慎重に決定する必要があります。

② 通常の労働者とは異なる貢献を求める

もう1つの方向性が「通常の労働者とは異なる貢献を求める」場合です。

高年齢労働者に「通常の労働者と異なる貢献を求める」理由は様々ですが、一番多いのは後進の育成に回ってもらうことかと思います。経営者や人事労務担当者からしても、高年齢労働者から他の若い労働者に知識や技術が受け継がれるのは望ましいことでしょう。

ただ、間違えてはいけないのは、知識や技術を持っている高年齢労働者が必ずしも他の人を育成する能力があるとは限らない点です。もともと管理職などの形で定年前から人材育成の経験があった人であれば別ですが、そうでない人がいきなり後輩等に仕事を教えるとなった場合、上手くいく保証はどこにもありません。今まで感覚的にやってきたことを言葉で伝えられなかったり、言っても上手くできない後輩に対して言葉がついキツくなってしまったり、そもそも世代が違いすぎて教える、教えられるという関係性を築けないということもありま

第 4 章　高年齢労働者の労務管理と方針

す。

　こうしたことを避けるには、高年齢労働者に対して「教え方を教える」必要が出てきます。つまり、高年齢労働者に対する人材教育が必要なわけです。

　こうした高年齢労働者に対する人材教育は、後進の育成に回ってもらう場合に限らず、高年齢労働者となるにあたり職務内容を変える場合などについても同様に必要となる場合があります。要するに、戦力としての雇用を考えるのであれば、高年齢者が戦力でいられるよう人材教育が必要ということです。定年後に役割を変えるのであれば、それはなおさらです。

　なお、労働時間や労働日数を減らしたり、契約期間が有期になったりして、短時間・有期雇用労働者となる場合、当然、同一労働同一賃金の対象となりますが、職務内容や職責を変更するので、「通常の労働者の頃と変わらない貢献を求める」場合と違って、均衡待遇に基づく賃金の引下げも可能です。

③ 高年齢労働者の加齢と求める貢献内容の変化

　戦力としての雇用を前提とする場合の方向性は、大きく分けて上で述べた 2 つになりますが、だからといって、同じ高年齢労働者に対して退職するまでずっと同じ方向性を保ち続けなければならないということはありません。

　例えば、60 歳で定年とし再雇用で 70 歳まで雇用する場合であっても、60 歳から 65 歳までは「通常の労働者の頃と変わらない貢献」を求め、65 歳から 70 歳までは「通常の労働者と異なる貢献」か、次項で述べる「個々の労働者なりの貢献」を求める、といったことも考えられます。

　また、現行の高年齢者雇用安定法では、65 歳までの再雇用については、再雇用の際にその労働者を再雇用するかどうかの基準を設けることはできないとされていますが、65 歳以降に関してはそうした定

148

めはありません。つまり、65歳以降に関しては、戦力となるかどうかをふるいにかけることも選択肢としてあり得るわけです。

このように、加齢と共に高年齢労働者に求めるものが変わっていく、ということは方針を決める上で想定しておくべき事項といえます。場合によっては、通常の労働者と高年齢労働者の定義から見直し、「通常の労働者の頃と変わらない貢献」を求めるうちは通常の労働者と考えるといったことも検討すべきです。

いずれにせよ、特に戦力としての雇用の場合、雇用上限年齢をいくつとするかは、次章で見ていく制度設計において非常に重要といえます。

④ 個々の高年齢労働者なりの貢献を求める

③の内容とも共通しますが、同じ高年齢労働者であり、かつ会社が高年齢労働者を戦力として考えていたとしても、60歳と70歳の人に同じ貢献を求めるのは難しいことが多いと考えられます。健康面や体力面、あるいは家族のことや老後のライフワークバランスを考えて、働き方をセーブしたいと考える高年齢労働者が増えるからです。

こうした労働者に対して、無理に会社の考えを押しつけることは、退職に繋がるリスクが高まります。それでも問題ないかどうかは、会社の現状と戦略次第ではあるものの、なるべく退職されるのは避けたいという場合、何か別の手段を考えなければなりません。

そこで考えられるのが、個々の高年齢労働者なりの貢献を求める、という考え方です。その高年齢労働者が働ける範囲で働いてもらえれば、会社の求める貢献には足りないかもしれませんが、退職という最悪の事態は避けることができるので、会社として妥協するわけです。なお、ここでいう「働ける範囲」とは労働時間や労働日数、業務内容などをいいます。

また、高年齢労働者側の希望をより重視するのであれば、雇用という契約形態だけでなくフリーランス化した元社員に業務を委託すると

いうことも現実的な選択肢となります。フリーランス化する場合、労働保険や社会保険などの公的保険には入れなくなりますが、週の労働時間が 20 時間を切る場合などはそもそも社会保険や雇用保険には入れないので、問題ないということもあり得ます。また、そもそも労働者が 70 歳を超えると厚生年金保険、75 歳を超えると健康保険には入れません。

　何より、個人事業主の場合、委託された業務を受けるかどうかの段階から、元社員側には選択の余地が生まれるため、元社員側としてもより自由度の高い裁量的な働き方が可能となります。

　なお、この「個々の高年齢労働者なりの貢献を求める」については、要は高年齢労働者側にどう働きたいかを委ねることでもあるので、会社の方針とするには難しい部分があるのは確かです。そのため、これ単体を方針とするというよりは、他の①や②の補助的な役割とするのが現実的なところでしょう。

決めるのはあくまで全体の方針

　高年齢労働者の労務管理の方針には、大きく「福祉的雇用」と 2 つの「戦力としての雇用」があると解説してきましたが、実際には、これらは明確に分かれているわけではありません。福祉的雇用とはいいつつ、一部の高年齢労働者に限っては戦力として活用することもあるでしょう。逆に、戦力として考えるからこそ、体力的な衰え等から、通常の労働者の頃と同程度の貢献を求められない場合もあると思います。

　また、戦力としての雇用だけに絞って検討しても、すでに見たように高年齢労働者に定年前と同程度の貢献を求めるとしつつも、健康などの問題で労働時間や労働日数を減らすなど、個々の高年齢労働者なりの貢献を求めることもあり得ます。

　本章で決めるべきとしている方針は、あくまで高年齢労働者の労務

管理全体の方針です。なので、このように大別した方針に収まらない部分が残ることや、高年齢労働者ごとの細かな調整があること自体は問題としません。むしろ、会社の方針を無理に押しつけるような硬直的なやり方は、特に中小企業では好まれないでしょう。

　ただ、すでに述べたとおり、会社側にきちんとした方針がないと、労働者ごとにブレのある対応となってしまい、不公平な対応をする可能性が高まるほか、次章で定める制度設計において歪な部分が残る可能性もあるので、方針は決めておく必要があるとしているわけです。

第 5 章

高年齢労働者の
労務管理と制度設計

1 高年齢労働者の人事制度の在り方

　会社の方針を決定したら、今度はそれを人事制度に落とし込んでいかなければなりません。というのも、正規、非正規を問わず、会社が労務管理を行う上での仕組みとなるのが人事制度だからです。そのため、高年齢労働者の労務管理において、人事制度を定めることが非常に重要となるのですが、理由はそれだけではありません。

　なぜなら、高年齢労働者については、特に従来の定年後再雇用を理由に賃金を引き下げる労務管理をしていた場合、通常の労働者と高年齢労働者で異なる人事制度を適用していることが多いからです。

　このように、通常の労働者と高年齢労働者で、人事制度が2つに分かれている会社の場合、この分かれた2つをどう調整していくかが、高年齢労働者の労務管理の制度設計において非常に重要となっていきます。

　一方で、この人事制度をそのまま分けたままにしておくにせよ、あるいは今後を見据えて統一するにせよ、第4章までに見てきた様々な要因が絡んでくるため、一筋縄ではいきません。

　そのため、本章では、高年齢労働者の人事制度、特に定年後再雇用を理由に賃金を引き下げる雇用慣行から人事制度を変更していくにあたっての留意点と具体的な対応について検討していきます。

2 人事制度と方針の関係

人事制度は方針の影響を受ける

　冒頭で述べた、通常の労働者と高年齢労働者で異なる労務管理をすることについて、前章でも触れた学習院大学の今野浩一郎名誉教授は、2つの制度が同じ会社に存在することからこうした労務管理のことを「一国二制度型雇用」と呼んでいます。

　一方、すべての会社がこの一国二制度型雇用型の人事制度になっているかというと、そういうわけではなく、定年を65歳や70歳まで延長している場合や、勤務延長制度を導入している場合など、年齢によって人事制度が変わることがない会社も、特に中小企業では少なくありません。

　こうした制度の違いは、方針のところで見たように、会社ごとの様々な事情を反映してのものであることがほとんどです。そのため、一国二制度型雇用と、通常の労働者と高年齢労働者で変わらない労務管理をする場合とで、どちらのほうがよいか、ということは一概にはいえません。また、会社の事情を反映しているということは、変更する際にはその事情を無視できないということでもあります。

　ただ、会社ごとの事情を反映しているといっても、それは必ずしも今の状態を反映しているわけではありません。福祉的雇用が難しくなった現在でも、それを前提とした制度が残っている場合が典型ですが、実際には、少し前の会社の状態を反映していることがほとんどなのではないでしょうか。

　よって、現在の人事制度が、今の会社の事情を反映していないという場合、これを今の会社に合うように変更していく必要があるわけで

すが、これからの高年齢労働者の労務管理を考えるのであれば、それだけでは足りません。前章で決定した方針に沿ったものにしていく必要があるわけです。

実は、会社の方針がきちんと定まっていれば、それに沿った人事制度を設計する、というのはそれほど難しくありません。

例えば、福祉的雇用を選択する場合、定年後再雇用を理由に賃金を引き下げる雇用慣行の延長となるため、基本的には一国二制度型雇用を継続することになるでしょう。

逆に、戦力としての雇用を前提に、定年前と変わらない貢献を求める場合、通常の労働者と高年齢労働者で制度を分ける理由がないため、基本的には人事制度の全部もしくは一部を統一しているほうが自然です。

一方、定年前と異なる貢献を求める場合、統一された制度の中で職務内容や職責の変更を行うこともできれば、別制度への移行に伴う職務内容や職責の変更という形も取れるため、「一国二制度型雇用」「通常の労働者と高年齢労働者で制度を統一」のどちらかを選択する余地があります。

人事制度の変更

このように会社が取る方針によって、選択すべき人事制度は自然と決まってくるわけですが、これは言い換えると、決定した方針によっては、一国二制度型雇用から制度統一といったように、人事制度を大きく変更する必要がでてくることを意味します。

そして、こうした人事制度の変更をすんなり行えるというのは稀で、人件費や手間といったコスト、労働者側の感情など、必ず何かしらの問題が発生します。例えば、一国二制度型雇用から制度統一へと変更する場合、通常の労働者と高年齢労働者の労働条件や待遇についてどちらを基準にするのかで問題が発生しますし、統一したことによ

156

り人件費が増えるのであれば、給与体系の変更や賃金原資の再配分を検討する必要もでてきます。

これらに加えて、従来通り、一国二制度型雇用のまま福祉的雇用を続けるにしても、そもそも、その前提となっていた年金の支給開始年齢や在職老齢年金制度はすでに以前とは変わっていることを忘れてはいけません。つまり、方針や人事制度を変更しない場合であっても、制度の修正が必要となる場合があるということです。

人事制度の大枠を変えるにせよ、維持するにせよ、高年齢労働者のこれからの労務管理を考えた場合、解決しなければならない様々な課題があることは明らかなわけですが、これらを踏まえて、次項からは人事制度ごとの特徴を検討しつつ、その課題や解決方法について見ていきます。

人事制度ごとの課題1：一国二制度型雇用と同一労働同一賃金

　会社の方針として、福祉的雇用もしくは戦力としての雇用を選択する場合で、人事制度を「一国二制度型雇用」と決めた場合、制度を構築する上で避けて通れないのが同一労働同一賃金です。一国二制度型雇用の場合、高年齢労働者の多くは定年後再雇用により短時間・有期雇用労働者となるからです。

　第3章で見たとおり、日本版同一労働同一賃金に関しては、「労働条件その他」に何らかの相違がある場合、その「相違に応じた待遇差」を設けることが可能です。

　それを踏まえて本項では、制度を分けた場合に通常の労働者と高年齢労働者で異なってくるであろう「労働条件その他の相違」を挙げてから、その相違に対して不合理とならないような「待遇差」について検討する、という流れで一国二制度型雇用と同一労働同一賃金を見ていきます。

　なお、一国二制度型雇用自体は「福祉的雇用」、「戦力としての雇用」のどちらの場合でも採用可能ですが、以下では、「福祉的雇用」を前提に検討を進めていきます。「福祉的雇用」のほうが法的に問題となりやすい部分が多いこと、さらには「戦力としての雇用」の観点から見た場合でも最低限の労働条件と見ることができるためです。

労働条件その他の相違

① 定年後再雇用、雇用期間

　方針や人事制度にかかわらず、高年齢労働者の労務管理において定年後再雇用を行うかどうかは、制度設計全体にかかわる非常に大きな

決定となります。

ただ、一国二制度型雇用においては、通常の労働者と高年齢労働者を分けて管理することが大前提な上に、この前提を満たすにあたって、再契約の際に労働者の雇用形態を変更できる定年後再雇用を行わない理由はありません。そのため、一国二制度型雇用では基本的に定年後再雇用を行うことになります。

これを踏まえ、本項の一国二制度型雇用の解説においては、基本的に通常の労働者と高年齢労働者という区切りではなく、定年前か定年後か、あるいは定年後再雇用者か否かといったように定年を一つの区切りとして、一国二制度型雇用の人事制度を見ていきます。

なお、再雇用後の高年齢労働者の契約期間の扱いに関しては、有期とするか無期とするかについても、一応は選択の余地はあります。再雇用後に無期としてしまうとそれは真の意味での終身雇用になるのでは、と思われるかもしれませんが、そうはならないよう第二定年を設ければ、一定の年齢での区切りを付けるといった対応も可能だからです。

とはいえ、特に福祉的雇用を継続する場合は、基本的には有期雇用、それも多くの場合は1年ごとの契約更新とすることが一般的であるため、本項での定年後再雇用者に関しては、定年年齢は60歳かつ、再雇用後は有期雇用で1年ごとの契約更新を行っていると考えます。

② 労働時間、労働日数

日本の労働法制では賃金と労働時間は密接に関連しているため、定年後再雇用を機に賃金を引き下げるにあたって、労働時間や労働日数も減らすのは比較的リスクの低い方法です。この方法であれば、基本給はもちろんのこと、均等待遇が求められる多くの諸手当も、労働時間や労働日数に比例する形で、待遇差を設けることが可能なものも少なくありません。

ただし、労働時間及び労働日数に関しては減らしすぎてしまうと、賃金を極端に引き下げられた高年齢労働者の生活に影響が出ますし、高年齢労働者が社会保険や雇用保険に加入できないという問題も発生します。

社会保険に加入しない場合、社会保険料の負担がなくなる一方、定年後再雇用者に家族がいる場合、その家族は健康保険の被扶養者等になれません。以前であれば在職老齢年金によって老齢厚生年金が支給調整されないよう、社会保険に加入しないということも定年後再雇用者側の選択肢としてありましたが、老齢厚生年金の支給開始年齢が原則65歳になった現在では、多くの労働者にとっては加入しないメリットよりもデメリットのほうが大きいことでしょう。そのため、健康状態や家庭の事情など労働者の要望により労働時間や労働日数を減らす場合も、加入の意思については確認すべきです。

また、雇用保険に加入しない場合、高年齢雇用継続基本給付金の支給は受けられず、退職時も失業に関する給付をもらうことができません。

社会保険・雇用保険の加入条件（労働時間に関する部分のみ抜粋）

社会保険	・1週間の所定労働時間が20時間以上（特定適用事業所） ・1週間の所定労働時間及び1月の所定労働日数が常時雇用者の4分の3以上（特定適用事業所以外）
雇用保険	1週間の所定労働時間が20時間以上

③ 労働の提供内容

次に、定年後再雇用者の労働の提供内容についてです。

定年後再雇用者の賃金の引下げについては、長澤運輸事件で見たように「その他の事情」が大きく考慮されます。

とはいえ、「職務内容（業務内容・責任の程度）」「職務内容・配置

の変更範囲（いわゆる「人材活用の仕組み」）」について、同一のまま
よりも変更があったほうが賃金を引き下げる際のリスクは低下しま
す。

　ただし、業務内容の変更に関しては、再雇用時に提示する職種が定
年前の業務と全く別個の職種に属する場合、継続雇用としての実質を
欠き許されないとする判例もあります（トヨタ自動車事件）。例えば
「ホワイトカラーをブルーカラーに」のような業務内容の変更は、本
人の同意がない限り、認められないと考えたほうがよいでしょう。

　一方、人事異動や転勤を制限し勤務地を限定することや、役職から
外すなどの職責の変更、時間外労働の免除などは、会社としても対応
が比較的容易な上、働き方をセーブしたいと考える労働者であればそ
の要望に合うものが多いと考えられます。

　いずれにせよ、賃金の引下げありきで考えると上手くいかず、労働
者の要望とも合わない可能性が高いため、まずは会社の方針に基づ
き、定年後再雇用者に何を求めるかを明確化した上で、個々の定年後
再雇用者の事情を考慮しつつ決定すべきでしょう。

相違に応じた待遇差（各種賃金項目の検討）

　ここからは、定年後再雇用者の賃金その他の待遇について具体的に
見ていきたいと思います。ここでも基本的には「福祉的雇用」を念頭
に検討を進めていきます。

① 基 本 給
　同一労働同一賃金に関しては、基本的には同一労働同一賃金ガイド
ラインを基に考えていけばよいのですが、こと基本給に関しては実務
レベルで使える内容とは言い難いため、ここでは最高裁判所の判決、
特に名古屋自動車学校事件を参考に見ていきます。

　定年後再雇用者の同一労働同一賃金においては、定年後再雇用者で

161

あること自体が「その他の事情」として考慮され得る、という話はここまで何度も述べてきました。大枠でいえば、基本給に関してもそうなのですが、それをリスクなく運用するにはこれをさらに分解して考える必要があります。

というのも、名古屋自動車学校事件では、定年前と定年後で基本給の性質や支給目的が異なると考えられるにもかかわらず、その点の議論が不十分ということで、最高裁は原審に差し戻しを行いました。具体的には、定年前の基本給には年功的な部分が含まれていて、定年後のものにはそれがないと考えられるにもかかわらず、その点が考慮されていなかったのが大きな要因です。

定年前の基本給に年功的な部分が含まれ、定年後の基本給にはそれが含まれない、というのは名古屋自動車学校事件だけでなく、多くの会社の基本給でも同様であると考えられます。言うなれば、名古屋自動車学校事件では、一般的な「定年後再雇用者」の基本給をどのように考えたらよいのかが示されたわけですが、その内容は、定年前と定年後の基本給の性質や支給目的の違いを考慮しないといけない、というものだったわけです。

ただ、これは名古屋自動車学校事件の差し戻し審次第ではあるものの、実務レベルで考えると、基本給の性質や支給目的を理由にどこまで下げてよいのか、という点は手探りにならざるを得ないことを意味します。先ほど例で上げた基本給の年功的要素も、実際には基本給自体がブラックボックス化していて、基本給にどの程度それが含まれるか正確に把握することが難しいことが多いからです。

以上を踏まえると、定年前後の基本給の性質や支給目体、あるいはそれらがどこまで明確化されているかにもよりますが、定年後再雇用者であることだけを基本給引下げの理由とするのはかなりリスクがあるといわざるを得ません。

そして、こうしたリスクを回避するには、職務内容や配置の変更範囲等といった労働条件等の変更も検討する必要があるでしょう。名古

屋自動車学校事件も長澤運輸事件も職務内容等は定年前と同一ながら、基本給を減額すること自体には、一定の理解を示しているため、ここに職務内容や配置の変更範囲等の変更が加われば、よりリスクは低くなると考えられるからです。

　もちろん、ブラックボックス化している基本給を開封し、それを定年前と定年後の賃金に金額として反映できるのであれば、それが一番よいのは間違いありません。

② 諸手当（家族手当、住宅手当を除く）

　同一労働同一賃金における諸手当については、その雇用形態にかかわらず、その手当の支給目的に沿った支給が重要となります。

　それは、定年後再雇用者であっても変わることはなく、例えば、長澤運輸事件では、精勤手当の不支給について「手当の趣旨と支給要件に照らせば、正社員と定年後再雇用者の職務内容が同一である以上、必要性に相違はない」とし、不合理であると認められています。

　そのため、役職手当や食事手当、通勤手当など、定年後再雇用者であることが不支給の理由とならないような手当については、精勤手当と同様の判断が行われると推定されます。

③ 住宅手当、家族手当

　同一労働同一賃金ガイドラインでは、住宅手当と家族手当については具体例が挙げられていません。

　一方で、ハマキョウレックス事件では、住宅手当については「転勤に伴う住居の変更を補助する性格」を持ち、転勤のある正社員と、それがない契約社員で支給に差があることは不合理ではないとしています。また、日本郵便事件では、家族手当について「社員の生活保障や福利厚生を図り、継続的な雇用を確保するためのもの」であるとし、相応に継続的な勤務が見込まれるのであれば、正社員だけでなく契約社員にも支給が必要との判断をしています。

163

第 5 章　高年齢労働者の労務管理と制度設計

　これらはいずれも、現役世代の同一労働同一賃金に関してでしたが、では、定年後再雇用者の場合はどうかというと、住宅手当、家族手当、いずれにおいても長澤運輸事件で不合理かどうかの判断が行われており、不支給であることについて不合理とは認められないと判断しています。

　その理由としては「幅広い年代の労働者が存在する正社員については住宅費及び家族を扶養するための生活費を補助することには相応の理由がある一方，定年後再雇用者に関しては正社員として勤務した後に定年退職したものである上、老齢厚生年金や調整給が支給されるといった事情を総合考慮」したためです。強引にまとめてしまうと「定年後再雇用者だから」と言っているのとほとんど変わりません。

　ただし、住宅手当と家族手当の不支給が不合理といえない理由として、「老齢厚生年金の支給を受けることが予定されている」「老齢厚生年金の支給が開始されるまで2万円の調整給が支給される」といった点を挙げていることから、定年後再雇用者であれば無条件に住宅手当や家族手当を支払わなくてもいい、ということではない点には注意が必要です。

④ 賞　　与

　賞与については長澤運輸事件にて、以下を理由に、定年後再雇用者に対して不支給であっても不合理ではないと判断していますが、老齢厚生年金の支給開始年齢が原則65歳となった現在では老齢年金の部分は差し引いて考える必要があります。

・老齢厚生年金の支給を受けることが予定されている
・老齢厚生年金の支給が開始されるまで2万円の調整給が支給される
・年収ベースの賃金が定年退職前の79%程度である
・定年退職にあたり、退職金の支給を受けている

164

3　人事制度ごとの課題 1 ：一国二制度型雇用と同一労働同一賃金

　また、名古屋自動車学校事件では、定年前と定年後で賞与を減額することについて争われていますが、こちらについては、定年前と定年後でその性質や支給目的の検討が不十分であることを理由に原審に差し戻されています。

　一方で、これらはいずれも職務内容や配置の変更範囲が同じ事件であり、定年後再雇用者の賞与に関して、職務内容や配置の変更範囲が異なる場合どうなるかについては今のところ裁判例がありません。ただ、定年後再雇用者に限定しなければ大阪医科大学事件があるので、ここではそちらも押さえておきます。

　大阪医科大学事件での賞与は、基本給（職能給）を支給基準としていることや、功労報償的性格や意欲向上目的といった賞与の性質から、人材の確保やその定着を目的としていると最高裁は判断しました。つまり、賞与の支給目的を踏まえ、職務内容や配置の変更範囲に相応の相違がある場合、不支給とすることも含め、一定の待遇差を設けることは不合理ではないと判断しているわけです。

　このことから、人材の確保やその定着を目的とする場合で、職務内容や配置の変更範囲等に相違がある場合、正規と非正規、あるいは定年前と定年後で賞与に待遇差を設けることは問題ないと考えられます。

⑤　昇給、退職金

　現状、定年後再雇用者の昇給及び退職金について争われた最高裁判例はありません。ただし、定年後再雇用者の退職金については、一般的に定年退職時に支給が行われるのが普通であることを考えると、不支給であっても問題はないと考えられます。また、メトロコマース事件では職務内容や配置の変更範囲の相違を理由に契約社員への退職金不支給を不合理とは認めなかったため、こうした労働条件等の相違がある場合には、なおさら不合理と認められるリスクは減るはずです。

　昇給についても、長澤運輸事件の他の賃金項目に関する判断から、

165

第 5 章　高年齢労働者の労務管理と制度設計

労働条件の決定の際に「年収ベースの賃金」が極端に低くならないのであれば、行わなくても問題ないとみられます。

通常の労働者の賃金

　日本版同一労働同一賃金は原則として、労働条件等に相違があるならその相違に応じた待遇差を設けられますが、相違がないのであれば待遇差自体を設けることができません。また、相違がある場合でも、その差がわずかな場合、設けられる待遇差の幅も小さくなります。

　よって、相違に応じた待遇差だけでは賃金引下げに限界が出てくるわけです。

　一方で、会社の事情により、そうした状況であっても人件費の関係で賃金を引き下げないといけないというのであれば、定年後再雇用者の賃金だけでなく、定年前の労働者、つまり、正規の労働者の賃金の見直しも必要となります。

　もちろん、正規の労働者の賃金を引き下げるとなると、労働条件の不利益変更の問題が出てきますし、労働者の同意を得ずに断行すれば、労使間で争いとなるのは必至です。

　そのため、賃金を引き下げる場合は、相応の移行期間を用意し、昇給と相殺されるような形で徐々に賃金を引き下げていくなどショックを和らげ、労働者の同意を得やすい形を取る必要があります。

　また、同一労働同一賃金の観点からいうと、引き下げる賃金も基本給に手を付けることはなるべく避け、諸手当の廃止という形を取るほうが効率的です。

　というのも、基本給であっても、諸手当であっても、賃金を引き下げるリスク自体は大きく変わらない一方、同一労働同一賃金において諸手当は、それがあるだけで問題となることがあるからです。つまりは、必要性の薄い手当を残しておくと、その支給不支給の妥当性をめぐって、非正規の労働者と争いになる可能性があるということです。

166

3 人事制度ごとの課題1：一国二制度型雇用と同一労働同一賃金

　そうしたことにあらかじめ対処することができることからも、まずは諸手当の見直しを検討したほうがよいと考えられます。

4

人事制度ごとの課題2：
制度統一と
同一労働同一賃金

　会社の方針として、高年齢労働者を戦力として考える場合、通常の労働者と高年齢労働者とで制度を統一することが基本となります。高年齢労働者に対し、通常の労働者の頃と変わらない貢献を求める場合は特にそうです。

　現在、一国二制度型雇用を採用している会社からすると、「制度を統一する」と聞くと、大きな制度改革が必須と思われるかもしれませんが、必ずしもそうではありません。なぜなら、通常の労働者の制度をそのまま高年齢労働者に当てはめることができるのであれば、とりあえずの制度統一はできるからです。

　こうした対応で特に問題がないのであればそれで何も問題ありませんが、なかなかそう上手くいかない会社のほうが多いと思われるので、本項では、いかにして制度を統一していくかを検討していきます。

　なお、本書では、通常の労働者と高年齢労働者で完全に制度を同一とする場合だけでなく、基本は同一としつつ、一部で異なる部分を設ける場合も「制度を統一する場合」と考えます。

　一部でも異なる部分がある以上、それは「一国二制度型雇用」とするべきという人もいるかもしれませんが、それよりも、制度を統一していく過程の同一性を重視したほうが、たとえ、最終的に異なる部分が残るにしても、実務レベルではわかりやすいのではと筆者は考えるからです。

制度を統一するにあたって

① すべて統一するか、一部の差異を許容するか

先ほど述べたとおり、通常の労働者と高年齢労働者とで制度を統一する場合、通常の労働者と高年齢労働者とで完全に制度を同一とする場合と、基本は同一としつつ、一部で異なる部分を設ける場合とがあります。

このうち、まず、完全に同一とする場合を検討すると、そもそも高年齢労働者に対して定年後再雇用を行う必然がないことに気付きます。通常の労働者と高年齢労働者とで制度が完全に同一ということは、25歳でも45歳でも65歳でも、同じ基準で人事考課や人事異動、待遇が決定されることを意味するからです。もっといえば、通常の労働者と高年齢労働者を分ける意味すらないでしょう。

それでも定年後再雇用を行う理由として考えられるとすれば、再雇用の際に個別の労働者の事情を考慮して労働契約を見直す場合ですが、そうした労働条件の変更は、わざわざ定年後再雇用という工程を踏まなくても、労働者との交渉によって可能です。

そのため、完全に同一とする場合、勤務延長制度や定年年齢の延長、定年の廃止も視野に労務管理や制度設計を考えることも必要となってきます。

なお、高年齢労働者が無期雇用かつフルタイムであれば、一国二制度型雇用で問題とした同一労働同一賃金のことを考える必要もありません。日本版の同一労働同一賃金の対象はあくまで非正規の労働者であり、ここでいう非正規とは短時間有期雇用労働者のことをいうからです。

一方で、通常の労働者と高年齢労働者の人事制度について、基本的には統一したいという意志はあるものの、様々な理由から完全には統一できない場合もあります。例えば、退職金の支給が60歳と決まっていて制度変更が難しい場合や、後進の育成のため高年齢労働者には

169

役職に就かせたくない場合などがそうです。また、個別の労働者の事情を考慮して労働契約を見直すにあたって、労働条件の変更で対応するのではなく、定年後再雇用で対応したい場合もあるでしょう。

　それ自体は特に問題ないのですが、統一しきれなかった部分が、労働時間や契約期間となる場合、高年齢労働者が短時間・有期雇用労働者になる関係で、同一労働同一賃金が絡むことになるので注意が必要です。

② 制度を統一していく過程における課題

　制度を統一するにあたっては、すでに述べたとおり、通常の労働者の制度をそのまま高年齢労働者に当てはめることができるのであれば、とりあえずの制度統一は可能です。

　しかし、一国二制度型雇用からの移行として通常の労働者と高年齢労働者の制度を統一する場合、それほど簡単に行えるものでもありません。

　なぜなら、高年齢労働者よりも通常の労働者の待遇のほうがよいのが一般的なので、高年齢労働者の賃金を通常の労働者に合わせるとなると、これまで定年後再雇用を機に引き下げていた分の賃金の原資が不足することになるからです。

　こうした事態を避けるため、高年齢労働者の賃金を上げるのではなく、通常の労働者の労働条件を定年後に合わせるということもできなくはありませんが、この場合、通常の労働者の労働条件を引き下げる必要が出てくるので、労働条件の不利益変更という新たな問題が発生します。

　なお、ここでいう賃金とは月々に支払われるものに限らず、賞与なども含みます。むしろ、これまで定年後再雇用者に賞与を支払っていなかったとしたら、この賞与をどうするかのほうが問題としては大きいかもしれません。定年後再雇用者に昇給を行っていなかった場合の昇給の扱いも同様です。

4　人事制度ごとの課題２：制度統一と同一労働同一賃金

　いずれにせよ、こうした問題に対応するにあたって、通常の労働者
と高年齢労働者のどちらか一方に偏った対応をすれば、どちらかの労
働者からは必ず不満が出ます。そのため、現実的な対応としては、通
常の労働者の待遇を引き下げつつ、高年齢労働者の待遇を上げること
になります。

③ 同一労働同一賃金を前提とした統一

　通常の労働者の待遇を引き下げつつ、高年齢労働者の待遇を上げる
場合に重要となるのが、やはり同一労働同一賃金です。

　そもそも、一国二制度型雇用から制度を徐々に統一する場合、その
過程では通常の労働者と高年齢労働者の制度は分かれているはずなの
で、この時点で同一労働同一賃金を無視できません。加えて、最終的
な制度の統一がどのような形になるとしても、同一労働同一賃金を前
提としておいたほうが、後になって、短時間・有期雇用労働者となる
高年齢労働者が出てくることがわかったときに、制度を修正しなけれ
ばならなくなるという手間やリスクに即座に対応できる分、合理的だ
というのもあります。

　これらを踏まえ、まずは高年齢労働者の待遇を上げるというところ
から見ていきますが、実際には、高年齢労働者の待遇を上げるという
より、通常の労働者を基準に、どの程度までであれば下げられるか、
というところを考えるべきでしょう。

　なぜなら、完全に同一とするのであれば、高年齢労働者の賃金も通
常の労働者と同等となるはずですが、それが難しいからある程度は抑
えないといけない、だとすると、高年齢労働者の賃金において、通常
の労働者から下げられる部分はどこにあるのか、という話になってく
るからです。

　そういった意味では、一国二制度型雇用の同一労働同一賃金と考え
方と似ているか、ほぼ同じといえます。ただ、制度を統一する場合、
一国二制度型雇用の同一労働同一賃金と異なり、基本的には通常の労

171

第 5 章　高年齢労働者の労務管理と制度設計

働者と高年齢労働者で同様の業務を行うと考えられます。

　そのため、一国二制度型雇用のように、職務内容や配置の変更範囲等の相違を理由とした均衡待遇による高年齢労働者の賃金の変更は困難であり、他の方法でアプローチする必要があります。具体的には、住宅手当や家族手当、賞与や退職金のように、「定年後再雇用者」であることを理由に、不支給が不合理とならない可能性が高くなる賃金項目の調整と、労働時間や労働日数の変更です。

　また、併せて、166 ページの「通常の労働者の賃金」で見た、通常の労働者に支払っていた手当をなくし、高年齢労働者には支払われていなかった手当を支給するといったように、諸手当を見直す形も検討する必要があります。

　こちらであれば、高年齢労働者の待遇を見直しつつ、通常の労働者の待遇を引き下げることができるわけですが、その際、問題となるのはやはり正社員の手当をなくすという労働条件の不利益変更に係る部分です。

　この対応策としては、相応の移行期間を用意し、昇給と相殺されるような形で徐々に賃金を引き下げていくなどショックを和らげ、労働者の同意を得やすい形を取る必要がありますが、いずれにせよ、ある程度時間がかかることを覚悟しなければなりません。

ジョブ型雇用への転換を含む人事制度改革

① 正社員の人事制度改革に伴う制度統一

　前項のような諸手当の見直しを中心とした制度の統一は、通常の労働者の人事制度を大きく変えずに制度を統一する場合に非常に有効であると同時に、手間のかからない省エネな方法といえます。

　一方で、定年前の制度、つまり、正社員の制度も含めた大規模な人事制度改革を行うことで人事制度の統一を行うという方法もあります。正社員の人事制度や賃金制度にメスを入れ、高年齢労働者との扱

172

いの差を是正するというものです。

しかし、こちらの方法は通常の労働者と高年齢労働者の制度をすり合わせて統一する方法と比較すると、新しい人事制度や賃金制度の構築を伴うとても手間のかかる方法であり、高年齢労働者のためだけにそうした対応を取るのは、会社の規模や高年齢労働者の数によっては、正直にいって、割が合わない可能性もあります。

ただ、これからの会社の人事制度について、別の視点から考えると、昨今では、働き方改革の影響もあり、高年齢労働者だけでなく、パート・アルバイトや契約社員の同一労働同一賃金への対応が会社の急務となっています。加えて、コロナ禍で急速に普及が進んだテレワークでは、労働者の働き方だけでなく、会社の労務管理にも大きな影響を与えています。

そのため、正社員の人事制度について何らかの改革を行いたいと考えている会社は少なくありません。そして、こうした正社員の人事制度改革とともに高年齢労働者の制度についても見直しを行い制度の統一を図るのであれば、会社にとっても、かかったコスト以上の付加価値は出てくるはずです。

以上のことから、正社員の人事制度改革を進める場合には、高年齢労働者の制度も併せて検討を進めたいところです。

② ジョブ型雇用の検討

正社員の人事制度改革について、昨今、注目を集めているのがジョブ型雇用への転換です。

ジョブ型雇用とは、日本に根付く「新卒一括採用」や「年功序列」「終身雇用」ではなく、その労働者の「職務」に焦点を絞った雇用形態で、その労働者がその仕事を行うにあたって「必要な能力やスキルを持っているか」が重要視されます。ちなみにジョブ型雇用との対比で、終身雇用や年功序列を基本とする従来の日本型雇用のことをメンバーシップ型雇用と呼びます。

第 5 章　高年齢労働者の労務管理と制度設計

　仕事を行う能力やスキルを基準に雇用を行い、評価を行うわけですから、その労働者が正規か非正規か、定年後再雇用者かどうかや働く場所に関係なく評価を行い、賃金を決定することができます。その上、今まで年功序列でどんなに優秀でも賃金の上がらなかった若い労働者からすると、仕事ができれば賃金が上がるため、仕事への熱意やモチベーションにも繋がりまし、会社からすると若くて優秀な人材を獲得しやすくなる可能性があります。

　よいことだらけのようにも思えるジョブ型雇用ですが、メンバーシップ型からの移行は簡単ではありません。

　ジョブ型雇用というからには、個々の労働者をジョブごとに区分しなければ賃金の決定や評価をすることができません。しかし、日本の労働環境では、労働者ごとに業務内容や、業務量の区分がなされていないことが少なくありません。しかも、区分されていないが故に「みんなでやる」業務や「手が空いている誰かがやる」業務などが発生してしまっています。こうした業務は当然誰かがやらないといけないわけですが、業務を区分するとなると、どう振り分けるか、非常に難しい問題となります。

　また、そもそもジョブ型雇用に耐えられる人材がどれだけいるのか、という問題もあります。今現在、会社内にジョブ型雇用に耐えられるだけの能力を持つものがいなければ、どんなにジョブ型雇用に移行したくても、まずはそのための教育を行わない限りはどうにもなりません。

　加えて、ジョブ型雇用のメリットの1つに、たとえ専門職の労働者の中から退職者が出ても外部から同様の専門職を雇用することでカバーできる、というものがありますが、しかし、果たして外部にそうした人材がいるのか、というとそのあたりは正直不透明です。

　さらにいうと、そうしたジョブ型雇用、あるいは社会全体としてのジョブ型雇用を前提とした労働市場の達成により労働者の移行がスムーズになった場合、優秀な人材ほど高い賃金を支払う会社に行くこ

174

とができるようになります。そのため、特に規模が小さくて高い人件費を払えない会社は割を食うことになります。

　否定的なことばかりを述べましたが、だからジョブ型雇用はダメ、と言う気は毛頭ありません。ただ、「流行に乗って」という軽い気持ちで移行できるものではないということは踏まえておく必要があります。

5 その他、高年齢労働者の人事制度の設計に関連する事項

　次の章では、ここまでで決定した方針及び人事制度に則り、具体例を基に、高年齢労働者の労務管理について見ていきますが、一方で、どのような制度設計をするにしても、共通して検討が必要な項目もあります。そのため、そういったものについては、以下にて、先に解説及び検討を行っておきます。

制度設計に関する事項

① 就業規則

　高年齢労働者の労務管理に関しては賃金や契約期間の他、高年齢者雇用安定法などが関連してくるため、必然的に就業規則に定める内容も多くなります。

　加えて、高年齢労働者の労務管理で重要となる同一労働同一賃金においても、正規と非正規の就業規則を別々にすることはとても重要です。

　というのも、正規と非正規で同じ就業規則を採用していると、労使間でトラブルになり、司法上の争いになったとき、会社側は正規にだけ適用するつもりでいた条文等が、非正規に対しても適用されてしまう可能性があるからです。逆に正規と非正規で就業規則を分けている場合だと、正規の規則が非正規に適用されることを避けることができます。実際、ハマキョウレックス事件では一部の支給項目において「非正規に正規の規定を当てはめることはできない」ことを理由に、不合理かどうかの判断を避けています。

　こうしたことから、特に、高年齢労働者が短時間・有期雇用労働者

176

5 その他、高年齢労働者の人事制度の設計に関連する事項

に該当する場合で、通常の労働者と高年齢労働者の間に異なる労働条件がある場合、それがどんな些細なことであっても、通常の労働者と高年齢労働者とで異なる就業規則を作成しておいたほうが無難です。そして、その別々の就業規則には、通常の労働者と高年齢労働者とで違いがある部分については、必ず規則にて定めをしておく必要があります。

一方、定年年齢の延長や定年の廃止、勤務延長制度を採用するなど、通常の労働者と高年齢労働者の制度を完全に同一とする場合は、別々の就業規則を設ける必要性はあまりありません。

② 高年齢労働者の定義と雇用上限年齢

通常の労働者とは何歳までなのか、高年齢労働者とは何歳からなのかによって、通常の労働者、高年齢労働者の双方の労務管理に影響が出ます。通常の労働者と高年齢労働者で制度を分ける場合、特にそうです。

また、高年齢労働者を何歳まで雇用するかについては、131ページで見たとおり、特に戦力としての雇用を前提とする場合は、他の制度設計にも影響を与える重要な要素となります。

そのため、この2つについては、高年齢労働者の方針を決定するのと同じかそれに近い時期などに、なるべく早く決めておきたい項目となります。

なお、福祉的雇用の場合、基本的に法律で求められる以上のことをするということはありません。そのため、高年齢者雇用安定法で高年齢者就業確保措置が義務化されない限りは、60歳定年かつ希望者を65歳まで雇用する措置を整えるという対応になります。

③ 退 職 金

高年齢労働者の労務管理を見直す場合、退職金についても見直しを行う会社は多いことでしょう。ただし、退職金は定年退職時、つま

177

り、通常の労働者から高年齢労働者に切り替わる際にもらうことが多いだけであって、高年齢労働者の労務管理だけの問題かといえばそうではありません。そもそも、退職金制度を設ける理由も、高年齢労働者のために設けているわけではなく、会社の全体の福利厚生や人材確保のために行っている会社のほうが多いのではないでしょうか。

そのため、高年齢労働者の労務管理を見直すからといって、イコールで退職金も見直す必要があるかといえば、必ずしもそうではありません。むしろ、より大きな戦略上の視点で考えるべきものといえます。

一方で、高年齢労働者の労務管理を見直す過程で定年年齢を見直した場合、その分、通常の労働者としての勤続年数は伸びるという点には注意が必要でしょう。勤続年数は多くの退職金制度で、その金額の決定要素として用いられるものであるため、人事制度を変更する際に退職金制度のことを頭に入れていないと思わぬところで弊害が出ないとも限りません。そのため、高年齢労働者の労務管理を見直す場合、その変化が退職金制度に与える影響の有無については注意しておく必要があります。

その他、退職金の支給に関しては、定年後再雇用する場合、定年の際に退職金が支払われるのが普通です。そのため、福祉的雇用の場合だけでなく、戦力としての雇用の場合であっても、定年後の労働者に対しては退職金を支給しないことになるはずです。

つまり、退職金は通常の労働者と高年齢労働者とで両者の明確な違いとなることの多い部分のため、①で述べたとおり、就業規則にてその旨を記載しておく必要があります。

また、会社として意図している場合は別ですが、そうではなく、規則上の不備により定年退職時と再雇用後の退職時の2度にわたって支給する、といったことがないように記載に気をつける必要もあります。

5 その他、高年齢労働者の人事制度の設計に関連する事項

④ 高年齢者の中途採用を見据えた規定

　高年齢労働者の労務管理においては、もともと会社にいた高年齢労働者のほか、人手不足の解消や他の企業での経験が豊富な即戦力を会社が求めることなどを目的に、中途採用で高年齢労働者を雇用することも考えられます。

　それ自体は人事戦略の範囲なので、行うかどうかは会社の戦略に沿って決めればよいことなのですが、一方で注意しないといけないのは、中途採用した高年齢労働者の人事制度上の取扱いです。

　特に、この章で解説した一国二制度型雇用の人事制度の場合、中途採用した高年齢労働者が通常の労働者の制度の適用となるのか、それとも定年後再雇用を前提とした高年齢労働者の制度の適用となるのかが規定上曖昧になっていると後々問題となる可能性があります。

　とはいえ、基本的には、定年後再雇用された高年齢労働者の規定を適用すれば問題はないと思いますし、仮に中途採用の高年齢労働者に通常の労働者の制度を適用する場合であっても、個別の労働契約で対応できる範囲かと思うので、こちらについてはそこまで神経質になる必要はないでしょう。

　ただ、その一方で、制度の不備によっては、中途採用の高年齢労働者を、文字どおりの意味で終身雇用しないといけない可能性がある点に注意が必要です。

　例えば、中途採用の高年齢労働者の場合、有期雇用特別措置法の第二種計画認定の対象ではないため、契約期間が5年を超えると無期転換の申込権が発生します。また、何らかの理由で、会社が定める定年年齢や再雇用後の上限年齢を超える労働者を、無期雇用で中途採用した場合も同様です。

　こうしたことを避けるには、第二定年を設けるなどの対策が必要となります。

　いずれにせよ、高年齢労働者の制度設計を行うにあたっては高年齢者の中途採用を行う可能性があるのか、その場合にどういった制度上

の不具合が発生するか、すべての不具合を予想するのは難しいにせ
よ、ある程度はシミュレートしておきたいところです。

⑤ 役職定年制度の導入・廃止の検討

　会社によっては、役職定年制度の導入、もしくは廃止についても検
討しておく必要があります。

　役職定年とは、定年年齢よりも前に役職を外す年齢を定める制度
で、中高年に固定化された会社のポストを解放し組織の活性化を促す
効果があるといわれています。また、役職が外れる場合、当然、役職
手当などの役職に関わる手当は不要となるため、人件費の削減にも大
きな役割を果たします。

　そして、こうした役職定年の機能により、役職定年制度を導入する
と、定年退職より前に、一度賃金を下げられるため、定年で一気に賃
金を下げるのではなく、役職定年で一度ワンクッションを置いて、二
段階で賃金を下げるということが可能となります。これにより、いわ
ゆる「60歳の崖」を多少緩やかにすることもできるわけです。

　よいことばかりのように思えますが、実は全国的に見ると役職定年
制度は廃止する会社のほうが多くなっています。

　というのも、役職定年で役職から外されて、給与などの待遇も悪く
なると、どうしても労働者のモチベーションが下がるからです。ま
た、役職定年がある場合、役職定年後は、必然的に自分より年下の上
司に付くことになりますが、それもモチベーションを保てない理由の
一つのようで、これらのいくつもの要因が重なり、結果として、役職
定年とともに労働者が退職してしまうことも少なくありません。

　こうしたことを避けるため、近年ではポストオフ制度といって、役
職は外すけれども待遇自体は役職者の頃と変えないとする制度を導入
するケースもあるようですが、こちらは待遇面を除けば、抱えている
問題は役職定年制度と同じです。また、待遇を維持するとはいって
も、役職に就いていないのに役職手当を支払うのは不自然ですので、

5 その他、高年齢労働者の人事制度の設計に関連する事項

なくなった役職手当をどういった支給項目で補うかも考えないといけません。

実際の運用等に関する事項

① 労働者が定年を迎える前に会社がしておくべきことの整理

　どのような方針及び人事制度を取るにせよ、通常の労働者と定年後再雇用者とで求める役割を変更する場合、できる限り、定年前からその準備を行っておいたほうがよいのは間違いありません。

　例えば、近いうちに高年齢労働者となる労働者の定年後の働き方に関する希望等を聞いておく他、定年後に求める役割に応じて、当該労働者に教育を行っておくといった対応です。

　特に高年齢労働者に対し、通常の労働者の時とは異なる形で戦力として貢献を求める場合、そうした労働者たちへの教育なしで定年前と異なる形での貢献を求めるのは筋が通らない上、当該労働者が戦力として力を発揮することも難しいと考えられます。

　また、これは役職定年制度とも関連する話ですが、役職を外されるなど、これまでと異なる役割や貢献を求められると、就業に対する意欲や向上心を失ってしまう労働者も少なくありません。

　そのため、特に、高年齢労働者を戦力として考える場合、高年齢労働者の意欲を奪わない制度設計や、高年齢労働者のモチベーションを維持するための人事評価制度の導入なども検討すべきでしょう。

② 労働者代表等との交渉

　制度を変更する場合、それが不利益変更とならない限り、個別の労働者や労働者代表等の同意を得る必要まではありません。

　逆に、制度変更に伴い一部の労働者の労働条件を下げる場合、労働組合や労働者代表等との交渉は非常に重要となってきます。また、労働組合や労働者代表等との交渉過程は、名古屋自動車学校事件でも見

181

第 5 章　高年齢労働者の労務管理と制度設計

たとおり、同一労働同一賃金における「その他の事情」として考慮されるため非常に重要です。

　そのため、方針を固め、制度の大枠ができた段階で、労働条件の不利益変更が見込まれる場合はもちろんのこと、仮にそうした問題がない場合であっても、制度変更の趣旨やその必要性を説明するため、労働組合や労働者代表等と話合いの場を設け、意見を聴いたほうがよいでしょう。

③　個別の労働者との交渉

　会社の方針や制度移行をするかどうかにかかわらず、定年後再雇用の際、労働者側は労働条件の変更を強いられます。そのため、多くの場合、会社と個別の労働者との話合いや交渉が必要となりますが、会社としての方針がしっかり決まっていれば、労働者との交渉の際もそれを土台とすることができます。労働条件の決定の際に労働者側の事情を加味するにしても、土台が定まっているほうが一貫性のある対応ができます。

　では、会社の方針に反して「福祉的雇用」や「戦力としての雇用」を望む高年齢労働者がいた場合はどうでしょうか。大前提として、会社には「希望者全員を65歳まで継続雇用する措置を設ける義務」はあっても「労働者の希望通りに働かせる義務」まではありません。よって、正当な理由もなく「もう十分に働いたのでセミリタイアさせてほしい」「定年後は現場ではなく事務がよい」というような高年齢労働者の要求までのむ必要はありません。

　とはいえ、高年齢労働者の健康や家庭の事情への配慮は当然必要であり、そうした事情を理由に継続雇用を打ち切ることはできません。また、嫌がらせのような人事異動も許されませんし、再雇用を希望する労働者の足下を見るような低すぎる労働条件は、たとえ、労働者が再雇用の際に同意したとしても、再雇用後に、同一労働同一賃金に反するとして会社を訴えてくる可能性が高まります。

5 その他、高年齢労働者の人事制度の設計に関連する事項

以上を踏まえると、再雇用時の労働条件の交渉において会社側が主導権を握れるよう準備しておくことは難しいことではないことがわかるでしょう。一方で、人手不足に苦しんでいて高年齢労働者にできる限り辞めてほしくないという会社の場合、それなりの譲歩や妥協は覚悟する必要があります。

④ 現行制度からの移行時期

方針を決める、人事制度の制度設計をする、そして、その制度をいつから適用する、といったタイムスケジュールをどうするかは会社の裁量となります。

ただ、現行の制度からの移行内容が大がかりであればあるほど、時間が長くかかる一方で、それが大がかりとなるかどうかは、制度変更に取りかかってみなければわからないことがほとんどです。たとえ、ある程度予測はできたとしても、予測は予測ですし、計画、特に締切の曖昧な計画というのは、一般論でいえば、遅れやすい傾向にあります。

そして、時間がかかっている間というのは、古い制度のままであるため、新しい制度であれば避けられたリスクも避けられない状態に晒される上、移行が遅れているうちに、別の法改正が行われないとも限りません。

同一労働同一賃金などの関係で、制度移行の際に経過措置を設ける場合であれば、なおさら時間はかかるため、できるだけ早く取りかかるに越したことはないでしょう。

第 6 章

方針に基づく
具体的な対応例

労務管理の見直しの検討

　本章では、ここまで見てきたことを念頭に、方針及び人事制度の決定を踏まえた、従来の定年後に賃金を大きく引き下げるという労務管理の見直しについて、架空の会社を例に、具体的に見ていきたいと思います。

　なお、本章で例として挙げる「労働条件等の相違と待遇差」については、過去の裁判例や同一労働同一賃金ガイドラインに基づき、かなり余裕を見て、不合理とされないであろうラインを引いたつもりですが、実際に労使で争いになった場合に、司法が同様の判断をすることを保証するものではないことはご了承ください。

2 具体例① 高齢化が進む中小企業の定年延長・定年廃止

見直しを行う会社の概要

まず、最初に見ていく架空の会社は以下のとおりとなります。

A株式会社
従業員15人（うち、60歳以上の労働者4名）

現在の会社の状況
・過去に定年年齢を60歳から65歳に変更済み
・現在、高年齢労働者を70歳まで雇用することを検討中
・60歳から65歳までの労働条件は、60歳前の通常労働者の頃と同じ
・経営者ももうすぐ70歳だが、後継者候補がいない
・60歳以上の労働者4名以外に、50歳以上の労働者が7名いる
・過去数年で、中途採用できた労働者はほとんどおらず、その労働者もすでに退職済み

消極的な「戦力としての雇用」

　この会社は現在、会社全体の高齢化が進んでいる上に、新しい労働者が入ってこない、入ってきてもすぐ辞めてしまう、という悪循環にあります。
　そのため、今いる高年齢労働者に戦力として働いてもらうしか会社

第6章　方針に基づく具体的な対応例

として存続できる道がない、という状況です。

　このような状況であるため、会社の方針としては「戦力としての雇用」を選ばざるを得ず、今の仕事をキープするのに精一杯なため、人事制度を通常の労働者と高年齢労働者とで分ける意味もほぼありません。

　「戦力としての雇用」というと、積極的に高年齢労働者を戦力として扱う、というイメージを持つかもしれませんが、この例ではどちらかというと仕方なく、あるいは消極的な選択として選んでいるのがわかると思います。

高年齢労働者の労務管理よりも戦略の見直しが急務

　さて、この会社では高年齢労働者を70歳まで雇用することを検討しているので、通常であれば、それを定年延長で行うのか、あるいは65歳で定年退職後に再雇用を行うのか、賃金原資はどうするのか、といったことを検討すべきですが、この会社の問題がそうした措置の選択にないのは明らかでしょう。

　この会社が解決しないといけない喫緊の問題は、会社自体の高齢化です。この高齢化を解消しない限り、65歳以降について定年年齢を引き上げたり、定年後再雇用したりしたとしても、付け焼き刃の対応にしかなりません。

　では、どうしたらよいかといえば、会社の若返りを図る必要があるわけですが、そのためには採用戦略を見直すだけでは足りません。概要にあるとおり、中途で採用した労働者がすぐ辞めてしまうということは、ただ人を採るだけでは不十分なのは明らかだからです。

　では、採用した人が辞めないように、つまり、労働者を定着させるにはどうしたらよいのでしょうか。

　ここでは、会社の若返りを狙っての新入社員の採用なので、新入社員はある程度若いことが前提で話を進めていきますが、入ってきた新

入社員を大事に育てることはもちろん大切ではあるものの、仮に、大切に育てたとしてもその会社に未来がないと思えば新入社員が定着することはないでしょう。

特にここで例に挙げている、Ａ株式会社は経営者も含めて高年齢者ばかりな上に、後継者候補もいないという状況です。

このように、若い社員から見て、自分が定年退職するまでどころか、向こう10年すら見通すのが怪しいという会社の状況では、よほど業績がよくて労働条件がよくない限りは、どこかで見切りを付けて、その会社を辞めてしまうことでしょう。その新入社員が若ければ若いほど、その可能性は高まります。

ま と め

4章で述べたとおり、高年齢労働者の労務管理というのは、会社の人事戦略や会社全体の戦略の中に含まれるものであり、会社の他の戦略や戦術と独立して存在しているわけではありません。高年齢労働者の労務管理だけしっかりしていていも、会社は存続できないわけです。

そのことを強調するため、本章の1つ目の具体例では、あえて、ここまで重点的に見た高年齢労働者に関連する法令や人事制度のことを主題としない会社を例に挙げました。

具体例の②以降は、高年齢労働者の労務管理に関連する人事制度の制度設計を見ていきますが、それができるのは高年齢労働者の労務管理以外の部分、会社全体の戦略や人事戦略が上手くいっている前提であることを忘れないでください。

189

3 具体例②
引き続き「福祉的雇用」を継続する場合

移行を行う会社の概要

　具体例②では、福祉的雇用を継続する場合について見ていきます。その例として扱う会社は以下のとおりです。架空の会社ではあるものの、まだまだこの会社と同じような雇用管理をしている会社は少なくないのではないでしょうか。

B株式会社
従業員100人（うち、60歳以上の労働者10名）

これまでの60歳以上の労働者の扱い
・定年後再雇用時に賃金を定年前の賃金の60％前後まで引下げ
・手当は通勤手当、時間外・休日・深夜手当を除きすべて廃止
・業務内容、配置の変更範囲、労働時間、所定労働日数は定年前とほぼ同じ
・契約は期間の定めのある有期契約で、契約期間は1年。労働者が希望する場合は、最長で65歳の誕生日まで延長を行う

　基本給や手当の支給状況は、個々の労働者によって異なるのが普通ですが、ここでは話をわかりやすくするため、この会社の平均的な労働者の定年前と定年後の賃金を例に検討を進めていきます。同様の理由で、税金や社会保険料の計算についても省略しています。

3　具体例②　引き続き「福祉的雇用」を継続する場合

定年前の賃金		定年後再雇用時の賃金	
基本給	340,000 円	基本給	246,000 円
通勤手当	15,000 円	通勤手当	15,000 円
精皆勤手当	10,000 円	総支給額	261,000 円（※）
役職手当	40,000 円		
配偶者手当	10,000 円	昇給なし	
特別作業手当	10,000 円	賞与なし	
資格手当	10,000 円	退職金なし	
総支給額	435,000 円	※　435,000 円×60%	
		＝261,000 円	
昇給あり			
賞与あり			
退職金あり			

　この会社では、定年後再雇用の際の賃金の総支給額を定年前の60％程度まで引き下げています。これは令和6年度までは、賃金を定年前の61％未満にすると雇用保険から高年齢雇用継続給付を満額もらうことができたため、その名残といえる措置です。

　また、定年前の手当について見ていくと、役職者には役職に応じた役職手当を、配偶者がいる者で、その配偶者が社会保険の扶養となっているものについては配偶者手当を支給しています。

　特別作業手当とは、特定の危険を伴う機械を動かす者に支給するものです。

　資格手当に関しては、会社が資格取得を奨励している資格を取得し、それを取得した者に支給するものとなります。

福祉的雇用の労働条件の落とし所を検討

　福祉的雇用の最大の目的は、人件費を抑えつつ法律上の義務を果た

191

すことにあります。そのため、福祉的雇用を継続する場合、同一労働同一賃金に気をつけつつ、これまでの賃金の引下げ幅をいかに維持するか、ここで例として挙げているＢ会社でいうなら定年後の賃金の総支給額をいかに「60％」に維持していくかが課題となります。

ただ、その一方で、令和７年度からは、この60％という数字の根拠の一つとなっていた高年齢者雇用継続給付が縮小されます。これにより、給付が最大限もらえるのは60歳到達時の賃金から61％未満に下がった場合から、64％未満に下がった場合に変更されます。これに加えて、男性に関しては65歳からしか年金がもらえないことを踏まえると「60％」という数字に拘泥すると、労働者側からの不満が大きくなると考えられます。

そのため、本件では、高年齢雇用継続給付の変更に合わせ、定年後の賃金を定年前の「64％」程度とすることを目標に、賃金の見直しを行っていきます。

福祉的雇用と同一労働同一賃金

① 諸手当の扱い

定年後再雇用による一国二制度型雇用の維持や、再雇用後の高齢者の有期雇用化や賃金引下げを前提とした福祉的雇用を継続するにあたって、避けて通れないのが同一労働同一賃金です。

この同一労働同一賃金を考える上では、基本給より先に、諸手当のほうからどのように調整していくか考えていくほうがよいでしょう。

というのも、諸手当の中には、支給目的によっては、会社の都合や職務内容等で通常の労働者と高年齢労働者で待遇差を設けることができないものがあるからです。そのため、「64％」という数値目標を設けてる今回のような事例では、手当について支給不支給をあらかじめ決めてから、基本給で調整を行ったほうが効率的です。

よって、まずは諸手当の扱いから検討していきます。

192

3　具体例②　引き続き「福祉的雇用」を継続する場合

　この会社で、定年前の者にだけ支給されている手当のうち、精皆勤手当、役職手当、特別作業手当、資格手当については、定年前であっても定年後であっても条件を満たす限り支給が必要な手当と考えられます。特に精皆勤手当については、よほどの理由がない限り定年後再雇用者にのみ不支給とするのは不合理と認められる可能性が高いため、定年後再雇用者にも支給するか、あるいは定年前の労働者のものも含めて廃止するかといった制度変更が必要です。

　それ以外の役職手当、特別作業手当、資格手当については、定年後再雇用者が支給条件に当てはまらない限りは支給がなくても不合理となることはないと考えられます。

　ただ、役職手当と特別作業手当については役職定年や業務内容の変更により、会社が能動的に対応可能である一方、資格手当については、すでに資格を持っているものに対して、定年を機に不支給とするのは不合理と判断されるリスクがあります。

　とはいえ、資格手当に関しては、資格を持っていることだけを理由に支給している場合もあれば、「資格と業務内容」をセットとして資格手当を支給している場合もあります。仮に後者の場合、つまりは、特定の業務に就く者が特定の資格を有している場合にのみ資格手当を支払っている場合であれば、業務内容の変更によって資格手当を不支給にしたとしても、不合理と認められる可能性は下がると考えられます。

　配偶者手当については、長澤運輸事件の家族手当の判断を踏まえるに、不支給であっても問題はないと考えられます。ただし、その判断の前提の一つであった老齢厚生年金の支給開始時期は、最高裁の判断が出た当時よりもさらに遅くなっているため、一定の年収（長澤運輸事件の他の賃金項目の判断を参考にするなら定年前の79％程度）を保持しておいたほうがリスクは小さくなります。

　以上を踏まえ、本件においては、精皆勤手当、資格手当については定年後再雇用者にも支給を行う形に変更し、役職手当、特別作業手

193

当、配偶者手当については制度変更前と変わらず、支給は行わないと決めました。

② **基本給**

次に基本給について見ていきます。

通常の労働者と高年齢労働者、特に定年前と定年後の基本給に関しては、定年制度の性格から、両者に支払われる基本給は、同じ名称等であったとしても、その性質や支給目的が変わってくる、というのが裁判所の考えです。

そのため、定年前と定年後で、職務内容や配置の変更範囲等に相違がない場合であっても、基本給に差があること自体はある程度、許容されると考えられます。

とはいえ、性質や支給目的と待遇差に関して、どういった違いがあればどこまでも差を設けていいか、という点に明確な基準がない現状では、これのみを根拠に賃金を下げるのは非常にリスクが高いといえます。何より、性質や支給目的の違いのみで「64％」まで賃金を引き下げられるかも不透明です。

そのため、会社のリスクを下げつつ、より確実な形で賃金を引き下げることを念頭に、以下では、職務内容や配置の変更範囲等の相違による基本給の引下げについて検討していきます。

ア　所定労働時間もしくは所定労働日数の変更

まず、基本給を引き下げる上で最もわかりやすくシンプルな方法は、所定労働時間もしくは所定労働日数を引き下げることです。

日本の労働法令では賃金と労働時間は密接な関係にあります。そのため、所定労働時間や所定労働日数の引下げと合わせて基本給を引き下げることは問題ないわけです。よって、これまで週5日で働いていた労働者の労働日数を週3日にするといったように、所定労働時間や所定労働日数のほうを従前の60％程度に減らせば、基本給のほうも

3 具体例② 引き続き「福祉的雇用」を継続する場合

60％程度にまで減らすことは可能です。

　ただし、所定労働時間もしくは所定労働日数を60％まで減らしてしまうと、特定適用事業所以外の会社では定年後再雇用者が社会保険に加入できないという問題が発生します。

　そのため、所定労働時間や所定労働日数を減らしつつも、それと併せて、次に説明する職務内容や配置の変更範囲等を変更するのが現実的な方法となります。

イ　職務内容等の変更

　所定労働時間や所定労働日数と比較して、職務内容・配置の変更範囲と基本給の関係は決して明確ではありません。よって、どこまでの相違を設ければ基本給を下げられるのか、あるいは基本給を○パーセント下げるにはどういった相違が必要かという点には曖昧な部分が残ります。

　ただ、これまでの判例から無理矢理にでも基準を考えるならば、大阪医科大学事件での賞与に関する判断は多少なりとも参考になると考えられます。というのも、大阪医科大学事件の賞与に関しては「アルバイト職員は正職員と比べて業務が相当に軽易」「配置転換の有無に違いがある」点を踏まえ、賞与の不支給を不合理と認めなかったからです。

　賞与については、同一労働同一賃金ガイドラインにて「通常の労働者に支給している場合、非正規の労働者にも何らかの形で支給する必要がある」としていましたが、大阪医科大学事件はこれを覆した形です。

　そのため、基本給についても職務内容や配置の変更範囲等が異なり、さらに「業務が相当に軽易」であれば、正規と非正規で大きく異なっていても問題となりにくいと考えられます。これは昇給についても同様であると考えられます。

195

以上を踏まえて、本件においては、所定労働日数を週5日勤務から週4日勤務に変更に変更することで、所定労働日数を定年前の2割減とすることにしました。

職務内容については定年前と比較して相当程度軽易になるよう、役職を外し、危険を伴う作業からの配置換えを行います。また、配置の変更範囲については、定年前と異なり異動等は行いません。

最終的な基本給の額については、「定年前の64％」との兼ね合いから他の手当とすり合わせる必要があるため、実務上は諸手当の支給不支給等を決定してから決めることになります。

③ 賞　　与

次に、賞与についてですが、長澤運輸事件では、以下のことを理由に定年後再雇用者に対して不支給であっても不合理ではないと判断しています。

---

1. 老齢厚生年金の支給を受けることが予定されている
2. 老齢厚生年金の支給が開始されるまで2万円の調整給が支給される
3. 年収ベースの賃金が定年退職前の79％程度である
4. 定年退職にあたり、退職金の支給を受けている

ただ、本件では上記のうち、当てはまるのは4.だけです。そのため、長澤運輸事件だけを見て、定年後再雇用者の賞与の不支給は不合理ではない、というのを鵜呑みにすることはリスクがあります。

その一方で、本件ではすでに基本給に関する検討の時点で、大阪医科大学事件での賞与に関する判断を基に、定年後は配置の変更等を行う可能性をなくし、業務内容についても「相当に軽易」にすることを決めています。

こうしたことから、賞与を支給しないことには一定の理由があると

考え、本件でも定年後再雇用者に対して賞与の支給は行いません。

④ 昇給、退職金

昇給については、昇給を行ったことで「定年前の64％」という基準が崩れると高年齢雇用継続給付の額が減ってしまうため行いません。

退職金については、定年の際に支給を行うため、定年後再雇用者に対しては支給を行いません。

まとめ

以上の結果、Ｂ社の「福祉的雇用」の継続例は以下のとおりとなりました。なお、本件の定年後再雇用者の就業規則、賃金規程例（嘱託社員就業規則（福祉的雇用））は巻末資料として掲載してあるのでそちらもご覧ください。

Ｂ社の「福祉的雇用」の継続例

定年後再雇用時の労働者の労働条件と賃金
・賃金総額は定年前の64％前後
・所定労働日数を週5日から週4日に減らした上で、職務内容は定年前よりも軽易なものに変更
・異動等は行わない
・定年を機に役職は外し、特別作業手当が必要となる業務にも就かせないので、役職手当及び特別作業手当は不支給
・配偶者手当については不支給
・精皆勤手当については定年後再雇用者にも支給
・資格手当についても対象資格保持者には支給
・職務内容・配置の変更範囲等の変更を理由に賞与なし
・賞与と同様の理由により昇給なし

第 6 章　方針に基づく具体的な対応例

・退職金なし
・契約期間は 1 年、延長は最長で 65 歳の誕生日までであることについては変更なし

賃金の内訳
基本給　　　　　245,000 円
通勤手当　　　　 15,000 円
精皆勤手当　　　 10,000 円
資格手当　　　　 10,000 円
支給総額　　　　280,000 円（※）

昇給なし
賞与なし
退職金なし

※　435,000 円× 64％= 278,400 円

　今回の例では、所定労働日数を週 5 日から週 4 日にしたことで、基本給を 2 割（6 万 8 千円）、及び支給条件を満たさない 3 つの諸手当を削った 6 万円分だけで、約 70％まで賃金を引き下げられています。なので、残りの 6％については、職務内容や職責変更による基本給の引下げで相殺できるのでは、とし、上記のように基本給を決めています。
　ただ、年収ベースでいうと、賞与がない分、64％よりもさらに下がってしまう点は懸念事項ではあるので、そうしたリスクを下げたいのであれば、賞与の支給については検討したほうがよいかもしれません。

4 具体例③ 福祉的雇用から「戦力としての雇用」への移行

具体例②のB社に対し「戦力としての雇用」でアプローチ

　具体例③では、福祉的雇用から、戦力としての雇用に移行していくための具体例について見ていきます。具体例②との比較も兼ねて、ここで制度移行を検討する会社は、具体例②で見たB社で行います。

戦力としての雇用と労働条件の落とし所を検討

① 制度の選択

　高年齢労働者を戦力として雇用する場合、一国二制度型雇用とするか制度を統一するかの2つの方法があります。

　どちらがよいかは、会社によって異なるものの、筆者の個人的な考えとしては、通常の労働者と高年齢労働者で異なる形での貢献を求めるなら一国二制度型雇用、同一の貢献を求めるなら制度を統一したほうがよいのではと考えます。

　これは単純に、通常の労働者と高年齢労働者とで異なる部分の多さの問題で、異なる部分が多いのであれば、いっそ一国二制度型雇用にして管理を別々にしたほうが効率的である一方、同一の部分が多いのであれば、わざわざ制度を分ける必要はないと考えられるからです。もちろん、個々の会社の事情や制度設計によっては当てはまらない場合もあります。

　一国二制度型雇用については、すでに具体例②で見ていることもあり、ここでは、定年前と同じ形での貢献を求め、通常の労働者と高年

第 6 章　方針に基づく具体的な対応例

齢労働者の制度を統一する方向での制度設計について考えていきます。

② 人件費の配分

　戦力として扱う以上、福祉的雇用のように下げることを前提に賃金を調整することは難しくなります。特に、通常の労働者の頃と変わらない貢献を求める場合はそうですし、定年後再雇用しない場合には、労働条件の不利益変更となるため、賃金を変更すること自体が困難です。

　その一方で、会社の人件費に割ける予算はある程度決まっており、福祉的雇用をやめた分、増額した賃金をどうするか、という問題が発生します。

　B 社の場合でこれを具体的に見ていくと、定年後の賃金を全く減額しない場合、単純計算で 1 人当たり「174,000 円」の人件費増となります。これが 10 人分ですから会社全体でみると毎月「1,740,000 円」です。仮に「定年前の賃金 60％」というのを「85％」に変えたとしても、毎月「108,750 円（435,000 円× 25％）× 10 ＝ 1,087,500 円」の人件費の増額です。

　もちろん、個々の高年齢労働者で賃金は異なることや、その人数も年によって変動することから、これらの数字はあくまで目安に過ぎません。そのため、実務においては、労働者全員の賃金台帳を基に、賃金の総額や個々の手当の総額等とにらめっこしながら、どの手当をどう調整するのか検討していくことになります。ただ、本件ではできるだけ話をわかりやすくする都合上、こうした大まかな数字での検討を進めていきますので、その点、ご了承ください。

　さて、上記のような人件費増を会社が負担できるのであれば問題ありませんが、そうでない場合、定年前の労働者の賃金を引き下げる必要が出てきます。

　以上を踏まえ、本件では、毎月「1,740,000 円」の増額分の負担を

200

できるだけ他の部分で吸収しつつ、高年齢労働者を戦力として雇用していくための制度設計について見ていきます。

高年齢労働者の待遇の決定

① 「60歳前の賃金85%」をまずは目標に

戦力としての雇用ということを考えた場合、高年齢労働者の賃金に引下げ目標を設定することは必ずしも適当ではないかもしれません。

ただ、人件費の予算に上限がある以上は、固執する必要はないものの、目安としてあって困るものではありません。

そのため、この具体例③では、先ほど例に挙げた「60歳前の賃金85%」を目安に、高年齢労働者の賃金の調整を行っていきます。なお、85%という数字は特に何か根拠がある数字ではないので、実際に制度設計する際は、それぞれの会社で、全体の予算や通常の労働者の賃金をどこまで調整するかも踏まえて、達成可能かつ労使双方にとって無理のない目標を設定してください。

② 諸手当の扱い

戦力としての雇用を前提とする場合も、高年齢労働者の待遇を決定するにあたっては、福祉的雇用の時と同じ理由で、やはりまずは諸手当から見ていくのがよいでしょう。

ア 調整する手当の検討

基本給、諸手当いずれの減額も過去の判例上、非常にリスクが高いものの、今回の制度変更では、人件費の予算の問題からどうしても正社員の賃金に手を付けざるを得ません。ただ、基本給、諸手当を天秤にかけた際、同一労働同一賃金の点でより問題となりやすいのは諸手当であるため、本件では諸手当を調整する方向で考えていきたいと思います。

第 6 章　方針に基づく具体的な対応例

　B社で支払われている手当は「通勤手当、精皆勤手当、役職手当、配偶者手当、特別作業手当、資格手当」の6つです。

　この6つのうち、なくすことで影響が大きいのは間違いなく通勤手当でしょう。遠方から通勤している場合などは、これがなくなるなら会社を辞めるという人も出てくるでしょうから、通勤手当をなくすというのは考えられません。

　次に、役職手当、特別作業手当、資格手当の3つは、基本給とは別の形で労働者の業務への貢献に報いるものといえます。そのため、労働者のモチベーションの面からもできれば廃止は避けたいといえます。一方で、役職についていたものを役職から外す、あるいは特別作業を行わせていた労働者にそれを行わせないとなった場合に、これらの手当の支給を行わないという扱いは問題ありません。

　では、精皆勤手当と配偶者手当はどうかというと、まず、精皆勤手当については無遅刻無欠勤が当たり前となっている会社では、支給不支給に変動がなく実質的に基本給と変わらない扱いとなってしまっているところも多くあります。つまり、精皆勤手当の本来の目的である出勤を奨励するという趣旨から外れ、惰性で支給が行われているところもあるとみられます。そのため、手当の支給が、支給の本来の趣旨から外れていると感じる場合は、廃止や減額も視野に入るといえます。ただし、基本給と変わらない扱いとなっているということは、もらう側からするともらうことが当たり前となっているということでもあり、なくすことに抵抗する労働者が出てくる可能性は非常に高いといえます。

　一方、配偶者手当についてはそもそも労働の対価として支払われるものではありません。また、独身者からすると、仕事と関係のない部分で賃金に差が出ることを不満に思う人もいます。とはいえ、配偶者手当には、労働者の生活を保障することで長期雇用を促すという目的もあります。よって、あくまで賃金は労働の対価であると考えるのであれば、廃止候補の筆頭といえますし、長期雇用を促したいと考える

202

のであれば、他の手当の調整を考えたいところです。

イ　手当の変更と不利益変更

　以上を踏まえて、本件の諸手当についてどう考えていくかですが、まず前提として、最終的に通常の労働者と高年齢労働者の制度を統一し、雇用形態も分けない、つまり、定年後再雇用を行わないとなると同一労働同一賃金のことを考える必要はありません。

　もちろん、高年齢労働者の希望等で、所定労働時間は所定労働日数を短くする労働者が出てくるかもしれません。そういった労働者に対しては同一労働同一賃金について個別の対応が必要ですが、制度設計上は基本的に考える必要はなくなります。

　それよりも考えないといけないのは、仮に手当をなくしたり、手当の額を下げたりするとなると、それが労働条件の不利益変更になるという点です。労働条件の不利益変更を行うに当たっては、個別の労働者の同意を得ることが原則なので、同意を得ずにこうした変更を行ってしまうと、労使間で争いになる可能性が高まります。

　これを避けるには、手当の廃止に当たって経過措置を設けたり、代償措置を設けたりすることが対策の一つとなります。経過措置を設けることで労働者の同意を得やすくなりますし、仮に手当の廃止について労働者の同意を得ることができなかった場合も、経過措置や代償措置を設けたほうが合理的な変更と認められやすくなります。変更の合理性を高めるものとしては、経過措置の他に、不利益変更の程度や必要性、労働者との交渉状況等があります。

ウ　諸手当の取扱いの具体例

　前置きが長くなりましたが、本件の６つの諸手当について、どの手当を廃止するか、あるいは支給対象を変更するか等について具体的に見ていきます。

　まず、通勤手当、精皆勤手当については、通常の労働者か高年齢労

働者かを問わず支給するとします。通勤手当についてすでに述べたとおり、なくす弊害が大きいからです。精皆勤手当については基本給との統合でも構わないところではあったのですが、一応残したという形です。

次に特別作業手当と資格手当についてですが、こちらについては、それぞれの支給条件を満たす限り通常の労働者か高年齢労働者かに限らず支給します。高年齢労働者だからといって、特別作業手当の支給対象となる作業を行わせない、ということはしないということです。

一方、役職手当については、これまでの定年年齢だった60歳を役職定年の年齢とすることで、実質的に高年齢労働者には支給しないことにしています。こちらは社内の人事の硬直化を防ぐ目的も兼ねて、今回の導入となっています。

配偶者手当についても廃止することに決めました。時代にそぐわない、独身者からの批判など、様々な理由を付けることはできますが、本音は通常の労働者の賃金を少しでも下げて、高年齢労働者との賃金差を縮めることにあります。

とはいえ、普通に廃止するだけでは労働条件の不利益変更になってしまうので、これを避けるため、まず、配偶者手当を調整手当という名称に変更しました。手当の名称を変更することで、支給の趣旨を変更するためです。そして、この調整手当の額を徐々に減額し、3年後に廃止することにしました。3年の経過措置をおいたのは、毎年少しずつ減額する分を毎年の昇給分である程度吸収できる形を取ることで、労働者の合意を得やすくするためです。

配偶者手当は定年前の労働者3分の2に当たる60人が支給を受けていたため、この廃止によって「600,000円」（※）の人件費をプールすることができます。

※ 経過措置1年目は0円、2年目は120,000円、3年目は300,000円

4 具体例③ 福祉的雇用から「戦力としての雇用」への移行

定年前の労働者の賃金規程に経過措置を入れる場合の規定例

第○条（調整手当）
　1　調整手当は、令和7年3月31日の時点で配偶者手当の
　　支給対象であったものに対して支給する。
　2　調整手当は、以下のとおり支給し、令和10年4月以降
　　は廃止とする

令和7年4月1日〜令和8年3月31日	10,000円
令和8年4月1日〜令和9年3月31日	8,000円
令和9年4月1日〜令和10年3月31日	5,000円

※　配偶者手当の規定は削除

　なお、ここで挙げた、どの手当を廃止するか等に関する考え方はあくまで例なので、このようにしないといけないということはありません。それよりも、扱いを変更したことで不利益変更が発生していないか、発生している場合、どのようにそれを解消するかを検討することのほうがよほど重要です。

③ 基本給と高年齢者雇用確保措置

　ここまでの手当の調整を、高年齢労働者の視点から見ると、人によっては配偶者手当の10,000円と役職手当の40,000円、合計50,000円の減額が行われることになります。定年前の賃金から15％減らすとなると「435,000円×15％＝65,250円」減らす必要があるので、あと「15,250円」ほどの引下げが必要です。

ア　制度を完全に同一とするなら正社員の昇給で調整

　こちらについては、できれば基本給で調整したいところですが、通

205

常の労働者と高年齢労働者の制度を統一、特に制度自体を完全に同一とする場合、かなり困難であると考えられます。というのも、通常の労働者と高年齢労働者で制度を完全に同一とする場合、定年延長や勤務延長制度を導入することになると思いますが、この場合、そもそも、いつどのような理由で基本給の引下げを行うのか、という話になりますし、仮にタイミングや理由を作れたとしても、労働条件の不利益変更となるため、個別の労働者の同意を得る必要があるからです。

ただし、基本給を引き下げることは難しくても、そもそも上げない、あるいは上げすぎないという対応は可能です。そのため、昇給テーブルを、通常の労働者の時代から調整し、高年齢労働者になる前の段階で昇給の幅を緩やかにする、といった対策は考えられます。

イ　制度統一に固執せず定年後再雇用するのも手

一方で、定年後再雇用を行うのであれば、基本給で調整できる可能性が出てきます。

定年退職で一度契約を終了し再雇用する、という形であれば、労働条件の一部変更や、定年前後の基本給の性質や支給目的の違いから一定の賃金引下げは可能と考えられるからです。それに加えて、定年後は異動等を行わないとすれば、15,250円の賃金引下げは十分許容範囲といえるのではないでしょうか。

ただし、定年後再雇用の際に高年齢労働者が有期雇用労働者となる場合、同一労働同一賃金の対象となることは忘れてはいけません。また、通常の労働者と高年齢労働者で「職務内容が同一」「雇用の全期間にわたって人材活用の仕組みや運用などが同じ」となると、パートタイム・有期雇用労働法9条の適用の可能性も出てくるため、注意が必要です。

なお、再雇用後もフルタイムかつ無期雇用とする場合、同一労働同一賃金のことを考える必要はなくなりますが、この場合、第2定年となる年齢を設定しておかないと、真の意味での終身雇用が発生してし

まうため注意が必要です。

　以上の内容は、定年前の時点で配偶者手当や役職手当をもらっていることを前提としています。しかし、通常の労働者の時点でこれらの手当をもらっていない人も当然います。そうした労働者については基本給を「15,250円」よりもさらに額を下げないと定年前の85％という数字の達成は困難です。ただ、この85％はあくまで目安ですし、そもそも基本給を下げる根拠が脆弱な場合、わずかな人件費のカットと引き換えにリスクを増やすことにもなります。そのため、時には目標はあくまで目標と割り切り、基本給を無理に下げることはしないことも大切です。

④ 昇給、退職金、賞与

　昇給、退職金、賞与については、前項の基本給で見たように、制度を完全に同一とするか、定年後再雇用を行うかで変わってくる部分があるので、両者について検討を行います。

ア　昇　給

　まず、昇給についてですが、制度を統一する場合、通常の労働者の昇給ルールに則って昇給させる必要があります。ただ、昇給の上げ幅を年齢で変えることは可能なので、60歳以降は、昇給のカーブを緩やかにするなどの対応は可能と考えられます。

　一方、定年後再雇用を行う場合、定年後再雇用者に対し昇給を行わないという待遇差を設けたとしても、対象者が定年後再雇用者であることや、定年前の賃金と比較して85％を維持しているといったことを踏まえると、不合理と認められる可能性は低いのではと考えられます。

イ　退　職　金

　次に退職金ですが、制度を統一する場合、60歳以降も退職金の算

207

定期間とし、退職金の支給も退職時にすべきと考えられます。60歳以降も退職金の算定期間になるということは、勤続年数に応じて退職金を計算する場合、退職金の額がこれまでより高くなる可能性があるということです。ただ、こちらについては、退職金算定時の勤続年数の上限を調整するなど、退職金の算定方法を見直すことで対応は可能と考えられます。

一方、定年後再雇用を行う場合、退職金については、定年時に支払いをするのが一般的かと思われるため、定年後再雇用者には支給を行いません。

ウ　賞　　与

賞与については、制度を完全に同一とするか、分けるかにかかわらず、戦力としての雇用を前提とするのであれば、高年齢労働者の貢献を評価しある程度は支給すべきでしょう。

その際の賞与の原資は、家族手当の廃止によってプールされていた額の一部も考えられますが、それだけでは足りないため、定年前の労働者の賞与の支給基準についても見直しを行います。具体的には、通常の労働者と高年齢労働者とで、賞与の原資や評価基準を分けることなく、一体的に評価、支給を行います。

まとめ

① 制度を完全に同一とする場合

以上を踏まえ、B社の「戦力としての雇用」に移行した結果を見ていきたいと思いますが、前記において、制度を完全に同一とする場合と、結果的に制度を分けることとなった場合の2つを検討したため、以下では両方の結果を見てきます。

まずは、制度を完全に同一とする場合です。

B社の「戦力としての雇用」への移行例（制度を完全に同一）

定年後再雇用時の労働者の労働条件と賃金

・65歳定年制とし、60歳前と60歳以降で、契約等は変更しない
・職務内容等は変わらないため、基本給はそのままとする
・役職定年を60歳とし、60歳以降は役職を外すため、役職手当は不支給
・特別作業手当が必要となる業務には就かせる場合があり、その場合は特別作業手当を支給する
・配偶者手当については定年前の労働者と合わせる
・精皆勤手当については60歳以降も支給
・資格手当についても対象資格保持者には支給
・昇給は行う。ただし、昇給テーブル自体は50歳以降ほとんど横ばいの形とする
・退職金は65歳の定年退職時に支給

定年前の労働者の制度変更

・配偶者手当は今後、調整手当という名称に変更
・調整手当は、向こう3年間で徐々に減額、廃止を行い、手当廃止の減額分は基本給の昇給分で吸収する
・賞与については通常の働者の支給基準について見直しを行い、今後は60歳前の労働者と60歳以降の労働者の賞与を一体的に考えていく

賃金の内訳

基本給	340,000円
通勤手当	15,000円
精皆勤手当	10,000円

第6章 方針に基づく具体的な対応例

```
特別作業手当       10,000円
資格手当         10,000円
支給総額        385,000円（※）


昇給あり
賞与あり
退職金あり


※  385,000円÷435,000円＝約88.5%
```

　60歳以降の賃金を「60歳前の賃金85%」に収めることを目安とする、としながらも、制度を完全に同一とする場合、約88.5%までしか賃金を抑えることはできませんでした。しかも、これは役職手当の不支給があっての数字なので、人によっては全く減額できない人も出てくることでしょう。

　ただ、制度を完全に同一とするということは、59歳から60歳になったとしてもそこに大きな違いはないと考えるということです。そのため、こういったことも起こり得る、と考える必要があり、それを示すため上記のような例を挙げました。

　一方、それでも通常の労働者の配偶者手当を段階的に廃止している関係で、完全に廃止後であれば、一国二制度型雇用からの増額分については、半分程度は吸収できるところまではきています（単純計算で、（385,000円 − 261,000円）× 10 ＝ 1,340,000円。一方、配偶者手当の廃止で浮くことが見込まれる額は毎月600,000円）。

　これ以上を求めるのであれば、さらに通常の労働者の賃金を下げたり、昇給カーブを調整したりすることも選択肢となるでしょう。

② 定年後再雇用を行う場合
　次に、定年後再雇用を行う場合ですが、以下のとおり、制度を完全

に同一とする場合と比較して、定年後再雇用により契約を一度締結し直すことができる分、基本給や昇給、賞与といった均衡待遇が必要な項目について、若干の自由度が生まれており、結果、目安としていた「85％」もほぼ達成できています。

Ｂ社の「戦力としての雇用」への移行例（定年後再雇用を行う場合）

定年後再雇用時の労働者の労働条件と賃金
・60歳定年、65歳まで希望する者を再雇用する
・定年後の賃金総額は、定年前の85％前後を目安
・定年前と職務内容は大きく変わらないが、異動等は行わないなど、人材活用の仕組みに変更があるため、基本給は減額する
・定年後再雇用の際に役職は外すが、特別作業手当が必要となる業務には就かせる場合がある。その場合は特別作業手当を支給する
・配偶者手当については定年前の労働者と合わせる
・精皆勤手当については定年後再雇用者にも支給
・資格手当についても対象資格保持者には支給
・定年前よりも水準は下げるものの賞与はあり
・昇給はなし
・退職金は60歳定年時に支給、再雇用後の退職についてはなし
・契約期間は１年、延長は最長で65歳の誕生日までであることについては変更なし

定年前の労働者の制度変更
・配偶者手当は今後、調整手当という名称に変更
・調整手当は、向こう３年間で徐々に減額、廃止を行い、手当廃止の減額分は基本給の昇給分で吸収する

211

第 6 章　方針に基づく具体的な対応例

・賞与については通常の働者の支給基準について見直しを行い、今後は 60 歳前の労働者と 60 歳以降の労働者の賞与を一体的に考えていく

賃金の内訳

基本給	325,000 円
通勤手当	15,000 円
精皆勤手当	10,000 円
特別作業手当	10,000 円
資格手当	10,000 円
支給総額	370,000 円（※）

昇給なし
賞与あり
退職金なし

※　370,000 ÷ 435,000 円＝約 85.1％

5 具体例④ 65歳超雇用の制度設計

　具体例④では、具体例①では他の要因により、制度設計の部分まで踏み込めなかった、65歳超雇用について見ていきます。
　以下が、具体例④で65歳超雇用の制度設計を行う会社の概要です。

C株式会社
従業員30人（うち、60歳以上の労働者2名）

現在の会社の状況
・60歳で定年後再雇用
・再雇用後の契約は期間の定めのある有期契約で、契約期間は1年。労働者が希望する場合は、最長で65歳の誕生日まで延長を行う
・再雇用後の賃金は定年前の賃金の60％前後まで引下げ
・年々、新入社員の確保が難しくなってきている

65歳超雇用と戦力としての雇用

　現行の高年齢者雇用安定法では、65歳までの雇用確保措置の実施しか義務づけられていません。そのため、65歳を超えて雇用する場合、基本的には、法律上の最低限の義務を果たす、という福祉的雇用には当てはまらないといえます。
　なお、人手不足の関係から、60歳定年、65歳まで再雇用とする福祉雇用を65歳より後も続ける、ということは可能ですし、実際にそうする会社もあるとは思います。ただ、そもそも人手不足にもかかわ

らず福祉的雇用をしている時点で、足りない労働力を埋めようとする努力に欠けるといわざるを得ないため、筆者は推奨しません。

　以上のことから、65歳超雇用を行う場合、高年齢労働者の労務管理の方針は必然的に「戦力としての雇用」となります。

　その一方で、65歳超雇用における戦力としての雇用については、65歳以前の戦力としての雇用と同じように考えることが難しい部分があるのも確かです。単純に60歳から65歳までと比べて、65歳から70歳、あるいはそれ以上となると、個人差はあるものの労働者の健康面や体力面での衰えが顕著となるからです。また、いくら高年齢労働者の就労意欲が旺盛とはいっても、年齢と共に下がっていくことも考えられます。

　以上のことから、65歳超雇用においては、会社としての方針や制度設計ももちろん大切ですが、それ以上に高年齢労働者の事情を考慮することが、より重要になるといえます。

65歳以前の制度と65歳超の制度

　65歳超雇用を行う場合、方針だけでなく人事制度においても、65歳以前の雇用のものの影響を強く受けます。具体的には139ページの図の高年齢者雇用確保措置と高年齢者就業確保措置の関係で見たとおりです。

　ここでは65歳超の「雇用」を前提としているので、一旦、創業支援等措置のことを置いておくと、65歳超雇用を見据えた場合の制度設計は以下のいずれかが現実的な選択肢になるかと思います。

（ア）60歳で定年→60歳から70歳まで有期契約で再雇用
（イ）65歳まで定年延長→65歳から70歳まで有期契約で再雇用
（ウ）65歳を超える年齢（例えば70歳）まで定年延長

214

厳密にいえば（ア）と（イ）は定年後に再雇用するという意味では同じ内容です。

では、どうしてこの2つを分けているかというと、まず（ア）については高年齢者雇用確保措置の関係から、60歳定年後に再雇用としている会社が多いので、65歳超雇用を行う上で、あくまで今までの延長で60歳から70歳まで再雇用し続ける場合を想定しています。

一方の（イ）は、65歳超雇用ということで、そもそも通常の労働者と高年齢労働者の境目を60歳を超えた年齢に変更することが考えられること、その有力な年齢が高年齢者雇用確保措置の下限である65歳であると想定したため、このようにしています。

（ウ）については、（イ）の考えをさらに発展させて、再雇用等を行わず65歳を超える年齢の定年年齢を定める場合の例となります。

なお、65歳以降の再雇用については、65歳までの再雇用と異なり、再雇用する労働者の基準を定めることも可能ですので、65歳を超える労働者を再雇用する場合は検討しておくとよいでしょう。基準を設ける場合の就業規則の規定例は以下のようになります。

第○条（定年）
1　従業員の定年は満65歳とし、65歳の誕生日を定年退職日として退職とする。
2　前項にかかわらず、定年に達した従業員が希望した場合で、解雇事由又は退職事由に該当しない者で、次のすべての基準を満たすものについては、再度労働契約を締結し直した上で、70歳の誕生日に達するまでを限度として、嘱託社員として継続雇用することがある。
　　①　引き続き勤続意欲があり、会社への貢献意欲のある者
　　②　直近3年間の出勤率が8割以上である者
　　③　直近3年間の人事評価が「B」を下回ったことがない者

第 6 章　方針に基づく具体的な対応例

> ④　直近 5 年間に就業規則に定める懲戒処分を受けたこ
> 　　とがない者
> ⑤　直近の健康診断の結果、業務遂行に問題がないと認め
> 　　られる者
> 3　嘱託社員としての労働契約は最長 1 年間の有期雇用契約と
> 　し、労働契約書に定める更新基準に則り、更新の有無を判断す
> 　る。

　また、本項で、65 歳を超えた後の年齢を 70 歳までとしているの
は、高年齢者就業確保措置を意識してのことです。ただ、高年齢者就
業確保措置については、現行は努力義務に留まるため、65 歳超の雇
用は予定しているけれども、70 歳までの雇用を確保することが難し
いという場合は変更しても構いません。一方で、高年齢者就業確保措
置の将来的な義務化を見据えるのであれば、できるだけ法令に沿った
形で制度設計をしておいたほうがよいので、できれば 70 歳までの雇
用を前提としたいところです。

65 歳超雇用と賃金の原資

　上で挙げた 3 つの制度設計というのは、実は具体例②や③で見た内
容の応用に過ぎません。定年年齢や再雇用する期間が変わっているだ
けです。

　なので、課題や注意すべき点というのも、基本的には具体例②や③
と変わらず、定年を延長するのであれば、通常の労働者と高年齢労働
者で同じ制度を当てはめることに問題がないのかの検証が必要です
し、高年齢労働者を短時間・有期雇用労働者とし、待遇を変更するの
であれば同一労働同一賃金に注意する必要が出てきます。

　それもあり、具体例④では、具体例②や③で見たような細かな賃金
計算等については省略しますが、その一方で、具体例②や③で問題に

216

してきた賃金の原資については、新たに考えないといけないことが出てきます。

というのも、高年齢労働者の雇用を企業が延長する理由については、高年齢労働者の技術や経験を活かしたいなど、様々だとは思いますが、やはり多いのは人手不足への対応かと思います。そして、人手不足対策として高年齢労働者の雇用を延長するということは、若い世代の人材の確保が上手くいっていない、あるいは確保のペースが落ちていることがその背景にあるはずです。

若い世代の人材を確保できていないということは、良くも悪くもそこに回すはずだった賃金の原資は余っていることになります。例えば、仮に、新入社員の平均年収が300万円という場合、新入社員の入社のペースが1年に1人なら、毎年300万円、会社の年間の賃金総額が増えることになりますが、これが2年に1人であれば、1年あたり150万円の増加に留まります。

実際の賃金計算では、ここに昇給や、中途採用や社員の退職の頻度が絡むため、もっと複雑で厳密な計算が必要となりますが、新入社員の入社のペースをどの程度と見積もるかは、65歳超雇用においては重要な点となるのは間違いないでしょう。

年金の支給開始年齢と在職老齢年金

65歳までの雇用と異なり、65歳超雇用を前提とする場合、在職老齢年金のことも考慮に入れる必要があります。令和7年度以降（女性は令和12年度以降）、年金の支給開始年齢は原則65歳となるからです。

ただ、在職老齢年金のことを考慮に入れる必要がある、といっても、ほとんどの高年齢労働者は気にする必要はないかもしれません。というのも、昔の在職老齢年金、特に令和3年度以前の60歳台前半の在職老齢年金は、一月の給与と年金額の合計額がおおよそ28万円

を超えると年金額が調整されるという算定式になっていました。そのため、多くの高年齢労働者は、年金が減らされないよう、給与の減額を受け入れてきたわけです。

　一方、現行の在職老齢年金の調整の基準となる額は51万円（※）です。いくら一月の給与と年金との合算とはいえ、高年齢労働者で51万円を超える収入のある労働者はそう多くはないでしょう。加えて、これだけの収入があるのなら、年金をもらうことに固執せず働いて得る給与を重視する人もいるかと思います。そもそも、基準額を超えると年金が減額されるとはいっても、総収入で損するような計算式にはなっていません。

　そのため、以前の60歳定年、再雇用の雇用慣行の頃のように、あまり神経質になる必要はないと思いますが、高年齢労働者側の意向等は確認したほうがよいでしょう。また、令和7年の通常国会にて、在職老齢年金の基準額が「62万円」に引き上げられることが予定されているため、そちらの内容も押さえておく必要があります。

　なお、雇用保険に関しては、65歳以降の失業給付は基本手当ではなく高年齢求職者給付金になるほか、高年齢雇用継続給付については、65歳以降の給付はありません。

※　調整の基準額は物価変動等により毎年1万円単位で変動。51万円は令和7年度の金額

C社と65歳超雇用

　ここまでは、具体例として挙げたC社のことというよりは、65歳超雇用全般の話をしてきましたが、最後に本項のまとめとして、以上の内容をC社に当てはめていきます。

　まず、C社では定年後再雇用の際に賃金を大きく引き下げる雇用慣行を行っています。そのため、最も簡単な対応は、これを65歳以降

も続けることになりますが、すでに述べたとおり、人手不足に陥りつつある状況で、高年齢労働者を法令上仕方ないから雇用する、というのでは、足りない労働力を埋めようとする努力に欠けるといわざるを得ません。また、具体例②で見たとおり、以前の労務管理のまま賃金を大きく引き下げる雇用慣行を続けるのは、同一労働同一賃金の観点から問題が出かねません。

　一方で、65歳超雇用については定年延長や定年廃止という方法もありますが、60歳定年の後、65歳まで再雇用としていた会社がいきなり定年を70歳まで延長したり、あるいは定年を廃止したりするのは、さすがに変化が急すぎます。

　そのため、定年を60歳のままとするか、65歳まで延長するかについては検討の余地があるものの、いずれにせよ定年後再雇用を継続し、再雇用後は契約期間1年の有期雇用とするのが無理のない形になるかと思われます。

Ｃ社の「65歳超雇用」への移行例

・定年年齢は65歳まで延長

・60歳から65歳までの労働条件は60歳前と同じ

・65歳で定年後は、労働者が希望しかつ一定の条件を満たす労働者について、再雇用を行う

・再雇用後の契約は期間の定めのある有期契約で、契約期間は1年。労働者が希望しかつ更新基準を満たす場合、最長で70歳の誕生日まで延長を行う

・定年延長及び70歳までの再雇用によって増額する賃金の総額については、新入社員の入社ペースの鈍化である程度補えると考えられるが、足りない分については会社の存続を優先し、ある程度の増額には目をつぶる

219

具体例⑤
高年齢労働者の個人事業主化を想定した制度設計

　具体例の最後に、高年齢労働者の個人事業主化について見ていきます。

　こちらも、具体例④と同じように、Ｃ社を題材にしていきます。また、本項の流れも具体例④と同じように、まずは高年齢労働者の個人事業主化全般の話をした後、Ｃ社にそれを当てはめていきます。

労働者側の希望が前提

　高年齢労働者に限らず、もともと社員だった人が個人事業主になるということは、一度、会社との雇用契約を終了して委託契約等を結ぶことを意味します。会社を辞めてもらう必要がある以上、会社の都合や業務命令で個人事業主化することはできません。

　仮に、労働者側の希望を無視し、無理矢理、労働契約を終了したとしても、司法上の争いになれば不当解雇となり会社が負ける可能性が高いでしょう。加えて、雇用関係のなくなった元社員が、会社の命令を聞いて委託契約等を結ぶ保証もありません。

　よって、高年齢労働者の個人事業主化は、労働者側の希望があることが前提となります。

制度設計

① 対象労働者の範囲

　高年齢労働者の個人事業主化については、高年齢者就業確保措置の創業支援等措置の内容に意識を引っ張られて、もしかしたら65歳以

上の高年齢労働者しか対象にしてはいけないと思っている人もいるかもしれません。

しかし、実際には、会社が労働者の個人事業主化制度を設ける場合、65歳以上の労働者に固執する必要性はありません。対象年齢を60歳以上や55歳以上とすることもできますし、年齢制限を設けないことや、勤続年数で対象労働者の範囲を区切ることも可能です。

あくまで「（65歳以上の労働者が）希望する場合で、当該高年齢者が新たに事業を開始する場合に、事業主が、当該事業を開始する当該高年齢者（創業高年齢者等）との間で、当該事業に係る委託契約等を締結、当該契約に基づき当該高年齢者の就業を確保する措置」を会社が行う場合、法律上の創業支援等措置に当てはまるというだけです。

労働者側が希望して個人事業主化することはもちろん、特定の条件に当てはまる個人事業主化した元社員を会社が優遇することを禁止する法律もないため、制度の対象を希望する労働者に絞る限りは、かなり自由度高く制度設計が可能であるといえます。

とはいえ、それはあくまで制度設計の幅に自由があるというだけであり、実務レベルで運用可能な制度の幅には自ずと限界があります。

例えば、対象労働者の範囲を広げすぎて、重要な役職に就いている労働者が個人事業主化してしまうと、会社にとってはプラスよりもマイナスが大きくなります。また、行う業務の性質上、業務委託で行いやすい業務、そうでない業務もあります。会社の機密を扱う業務を業務委託し情報漏洩されては目も当てられません。

そのため、高年齢労働者に限らず、労働者の個人事業主化を制度として支援する場合、その条件や範囲については慎重に決める必要があるといえます。

② 会社からの支援

労働者の個人事業主化を制度化する場合、ただ単に会社が労働者に対して個人事業主化を勧めても意味がありませんし、そもそもそれは

第6章 方針に基づく具体的な対応例

制度ともいえないでしょう。

　個人事業主化を推進している大手企業では、一定の期間（例えば3年）の間は業務委託契約による仕事の保証をしていたりします。また、個人事業主として働くことが合わないと感じた場合に、労働者として戻ってこられるようにしておくなど、個人事業主化するにあたって、労働者側の不安を取り除くことも、制度設計を行う上では重要です。

フリーランス法

　高年齢労働者に限らず、労働者の個人事業主化を推進する制度を設ける場合、フリーランス法についても遵守する必要があります。

　一方で、個人事業主化した後の高年齢者については、雇用関係がないので労務管理の対象とはなりません。逆に、契約上は業務委託であるにもかかわらず、実態は雇用関係があるとみなされると「偽装フリーランス」に当たる可能性が出てくるので注意が必要です。例えば、個人事業主化した高年齢者をタイムカードなどで管理する場合がこれに当たります。

　この「偽装フリーランス」に関しては、フリーランス法そのものに罰則等はないものの、フリーランス法の施行とほぼ同じタイミングで、労働基準監督署に相談窓口が設置されているため、元社員からの通報によって監督署の調査対象となる可能性はあります。

社会保険、労働保険、税務等

　個人事業主となった元社員は、会社の社会保険や労働保険の対象とはなりません。

　個人の場合、健康保険ではなく国民健康保険、厚生年金ではなく国民年金に加入し保険料を支払う必要があります。

222

6 具体例⑤ 高年齢労働者の個人事業主化を想定した制度設計

　これにより、どういった影響があるかですが、まず医療保険に関しては、国民健康保険の場合、世帯単位での保険料の計算であり、かつ家族構成や家族の加入する保険によって保険料が変わってくるため、社会保険加入時よりも負担が増えるか減るかは断言できません。ただ、仮に負担が増える場合も、一定の要件を満たせば健康保険の任意継続が可能であるため、柔軟に対応すること自体は可能です。

　また、健康保険と国民健康保険を比較すると、傷病手当金や出産手当金のように、健康保険にはあるけれども、国民健康保険にはない給付もあります。

　ただ、いずれにせよ、75歳以上になると、会社に雇用されいるかどうかにかかわらず後期高齢者医療制度に移行することは共通です。

　次に、年金についてですが、高年齢者の話に限定すると、まず厚生年金は、被保険者としての加入可能期間は70歳までです。そして、原則65歳から老齢厚生年金が支給されますが、社会保険に加入したままだと在職老齢年金の対象となります。なお、老齢厚生年金が支給されるようになっても、保険料を支払い続ければ、70歳までは年金額の上乗せが可能です。一方、国民年金は原則60歳までしか加入できないので、60歳到達以降に個人事業主化した場合、任意加入する場合を除き、そもそも年金の保険料を支払う必要がありません。

　最後に労働保険ですが、まず労災保険に関しては52ページで見たように、どういった職種の個人事業主であっても特別加入が可能となっています。一方、雇用保険に関しては、個人事業主向けの公的な制度は存在しません。

　上記のことから、会社の視点で見た場合、労働者を個人事業主化すると、会社のコストが下がるのは確かです。また、これは会社で雇用されていたときの労働者の待遇、そして、個人事業主化後の報酬にもよりますが、厚生年金の保険料と国民年金の保険料を比較した場合、国民年金の保険料のほうが低くなることが多い（60歳以上の場合、そもそも支払義務がない）ことや、雇用保険の負担がなくなる分、労

223

第 6 章　方針に基づく具体的な対応例

働者側の手取りも増えることでしょう。

　ただし、金銭的な負担は減っても、元社員がやらなければならない手続き上の負担は確実に増えます。健康保険から国民健康保険への切り替えや、労災保険の特別加入をする場合、その手続きも元社員が行わなければならないからです。

　また、個人事業主となる以上、税金に関しても、会社が行う年末調整ではなく、元社員本人による確定申告が必要となります。

　以上のことから、仮に労働者に対し個人事業主化を推奨するのであれば、単純な金銭的な負担の話だけでなく、それによりなくなる保証の範囲や事務手続きのコストの詳細も併せて制度の周知を行う必要があるでしょう。

まとめ

① 個人事業主化は独立した制度

　繰り返しになりますが、労働者の個人事業主化は、労働者側の希望が前提となります。つまり、仮にすべての労働者を対象とする制度設計をしていたとしても、すべての労働者が利用する制度ではないということです。

　例えば、60 歳以上の労働者のうち希望するものについては、会社として個人事業主化することを支援するという制度を設けたとしても、すべての労働者が 60 歳で個人事業主化するわけではないので、会社としてはそれと並行して高年齢者雇用確保措置を実施しなければなりません。

　つまり、高年齢労働者の労務管理において、高年齢労働者の個人事業主化一本に絞るということは不可能なわけです。必ず、他の高年齢労働者の制度とセットでの運用となります。

　一方で、個人事業主化は他のどの高年齢者の制度とも基本的には干渉しません。個人事業主化と同時に退職してしまうため、雇用されて

224

いる労働者のための制度は、個人事業主化した元社員には適用されないからです。

そのため、個人事業主化に関しては、人事戦略全体との兼ね合いだけ見ておけば、他の制度との細かいすり合わせは不要といえます。

② コストと待遇

労働者の個人事業主化に関して、会社からするとどうしてもコスト面での優位性に目が行くのは仕方のないことだと思います。額面上は同じ金額の報酬を支払うのであっても、社会保険料の負担があるのとないのとでは、会社側の負担は全く違ってくるからです。

一方で、個人事業主化という制度については、雇用関係が切れることもあって「体のいいリストラ」と見る向きもあります。さすがに個人事業主化後に即業務委託契約を打ち切る、ということをする会社はないと思いますが、例えば、退職後3年は業務の保証をしたとしても、3年後に業務委託契約を更新しなければ、その労働者との縁を切ることができてしまうのは確かです。

とはいえ、個人事業主化により社員の頃から極端に収入が落ちたり、あるいは個人事業主化した途端に約束を反故にして契約更新がされないなど、元社員が会社から下請けいじめのような扱いを受けたりすれば、されたほうは黙っていないでしょう。また、悪い噂はすぐに元同僚を通じて会社内に広まり、制度を利用する人もいなくなることが予想されます。

つまり、個人事業主化という制度を会社にとって意味のある制度とし、長く運用していくには、個人事業主化した元社員と Win-Win の関係を築く必要があるわけです。

③ Ｃ社の個人事業主化のまとめ

以上を踏まえ、Ｃ社に個人事業主化を導入することを考えていくわけですが、高年齢労働者の個人事業主化については、基本的には具体

例④の 65 歳超雇用の推進と並行して行います。

　次に、対象とする労働者の範囲についてですが、企業規模がそれほど大きくない C 社においては、全世代の労働者を対象に個人事業主化の制度を導入することは難しいと考えられます。日々の業務を回していくためには、一定の安定した労働力の確保が必要ですし、全世代を対象とした結果、幹部候補と考えていた労働者が個人事業主化してしまっては目も当てられないからです。

　そのため、対象者は 65 歳以上の労働者で、かつ業務委託となるので技術系の労働者のみを対象とすることにしました。また、個人事業主化した元社員については、具体例④で見た 65 歳超雇用との兼ね合いから、70 歳までの業務委託契約の継続を保証することにしました。

C 社の「高年齢労働者の個人事業主化」導入例

・高年齢労働者の雇用については 65 歳定年、希望する者で基準を満たす者は 70 歳までを限度に再雇用
・上記と並行して、高年齢労働者の個人事業主化制度を導入
・対象は 65 歳以上の技術職
・原則として 70 歳まで業務委託を保証
・業務委託中の収入として、最低限、退職時の手取りを保証
・創業支援等措置として行うため、過半数代表者の同意を得て実施

第 7 章

その他高年齢労働者の
労務管理に関する諸事項

1 高年齢労働者の労務管理にかかわる手続きや省令

　本書の最後に、ここまでの章の流れの中で解説できなかった、高年齢労働者の労務管理に関する手続き的な内容や、重要となる省令の解説を行っていきます。具体的には、有期雇用特別措置法の特例（第二種計画認定）を受けるために必要な手続きについて説明します。また、高年齢者就業確保措置について記されている省令や政府の指針の概要についても解説していきます。

第二種計画認定を受けるための手続きの流れ

　第2章でも見た有期雇用特別措置法の第二種計画認定ですが、手続きがまだという会社のために、以下では、この計画認定の流れや手続きについてまとめておきます。

　有期雇用特別措置法の第二種計画認定を受ける流れは以下のとおりとなっています。

［有期雇用特別措置法の特例を受けるための流れ］

① 特例の対象労働者（高度専門職と継続雇用の高年齢者）に関して、雇用管理に関する措置についての計画を作成

↓

② 作成した計画を、本社・本店を管轄する都道府県労働局に提出（本社・本店を管轄する労働基準監督署経由で提出することも可能）

↓

③ 都道府県労働局が、事業主から申請された計画が適切であれば認定

↓

④ 認定を受けた事業主に雇用される特例の対象労働者について、無期転換ルールに関する特例が適用

（注）なお、特例の適用に当たって事業主は、特例の対象となる労働者との労働契約の締結・更新時に、定年後引き続いて雇用されている期間は無期転換申込権が発生しない期間であることを書面で明示する必要がある。

第 7 章　その他高年齢労働者の労務管理に関する諸事項

また、認定の手続きには、以下の資料が必要となります。

・第二種計画認定・変更申請書
・「第二種特定有期雇用労働者（継続雇用の高年齢者）の特性に
　応じた雇用管理に関する措置」を行っていることがわかる資料
　（契約書のひな形、就業規則等）
・「高年齢者雇用確保措置」を講じていることがわかる資料（就
　業規則等（経過措置に基づく継続雇用の対象者を限定する基準
　を設けている場合は、当該基準を定めた労使協定書（複数事業
　所を有する場合は本社分のみで可））

　認定の手続きの際に必要となる「第二種特定有期雇用労働者（継続
雇用の高年齢者）の特性に応じた雇用管理に関する措置」とは以下の
ものをいい、認定を受けるにはいずれか 1 つ以上を実施する必要があ
ります。

● 　高年齢者雇用安定法第 11 条の規定による高年齢者雇用推
　進者（※）の選任
● 　職業能力の開発及び向上のための教育訓練の実施等
　高年齢者の有する知識、経験等を活用できるようにするため
　の効果的な職業訓練として、業務の遂行の過程外における
　・教育訓練の実施
　・又は教育訓練の受講機会の確保
● 　作業施設・方法の改善
　身体的機能や体力等が低下した高年齢者の職業能力の発揮を
　可能とするための
　・作業補助具の導入を含めた機械設備の改善
　・作業の平易化等作業方法の改善
　・照明その他の作業環境の改善

・福利厚生施設の導入・改善

● 健康管理、安全衛生の配慮
　身体的機能や体力等の低下を踏まえた
　・職場の安全性の確保
　・事故防止への配慮
　・健康状態を踏まえた適正な配置

● 職域の拡大
　身体的機能の低下等の影響が少なく、高年齢者の能力、知識、経験等が十分に活用できる職域を拡大するための企業における労働者の年齢構成の高齢化に対応した職務の再設計などの実施

● 知識、経験等を活用できる配置、処遇の推進
　・高年齢者の知識、経験等を活用できる配置、処遇の推進のための職業能力を評価する仕組み
　・資格制度、専門職制度　　などの整備

● 賃金体系の見直し
　高年齢者の就労の機会を確保するための能力、職務等の要素を重視する賃金制度の整備

● 勤務時間制度の弾力化
　高齢期における就業希望の多様化や体力の個人差に対応するための勤務時間制度の弾力化
　（例）短時間勤務、隔日勤務、フレックスタイム制、ワークシェアリングの活用

※ 高年齢者雇用推進者について
高年齢者雇用安定法第 11 条及び高年齢者雇用安定法施行規則第 5 条の定めにより、事業主は、高年齢者雇用確保措置を推進するため、作業施設の改善その他の諸条件の整備を図るための業務を担当する者として、知識及び経験を有している者の中から「高年齢者雇用推進者」を選任す

第 7 章　その他高年齢労働者の労務管理に関する諸事項

るように努めなければならないとされています。

出典：高度専門職・継続雇用の高齢者に関する無期転換ルールの特例について（厚生労働省）

第二種計画認定・変更申請書（記載例）

様式第7号

第二種計画認定・変更申請書

　　　　　　　　　　　　　　　　○年　　　○月　　　○日

　愛知　労働局長殿

1　申請事業主

名称・氏名	株式会社△△	代表者職氏名（法人の場合）	山田太郎
住所・所在地	〒（456-0000）愛知県名古屋市熱田区○○町1－1	電話番号　052（123）4567 FAX番号　052（123）4568	

2　第二種特定有期雇用労働者の特性に応じた雇用管理に関する
　措置の内容

☑高年齢者雇用推進者の選任

□職業訓練の実施

□作業施設・方法の改善

□健康管理、安全衛生の配慮

☑職域の拡大

□職業能力を評価する仕組み、資格制度、専門職制度等の整備

□職務等の要素を重視する賃金制度の整備

☑勤務時間制度の弾力化

2　第二種計画認定を受けるための手続きの流れ

3　その他

☑高年齢者雇用安定法第9条の高年齢者雇用確保措置を講じている。

　　□65歳以上への定年の引き上げ

　　☑継続雇用制度の導入

　　☑希望者全員を対象

　　□経過措置に基づく労使協定により継続雇用の対象者を限定する基準を利用

　　　（注）高年齢者等の雇用の安定等に関する法律の一部を改正する法律（平成24年法律第78号）附則第3項に規定する経過措置に基づく継続雇用の対象者を限定する基準がある場合

（記入上の注意）

1.「2　第二種特定有期雇用労働者の特性に応じた雇用管理に関する措置の内容」は該当する措置の内容の□にチェックして下さい。

2.「3　その他」は、該当する□はすべてチェックしてください。

（添付書類）

1.「2　第二種特定有期雇用労働者の特性に応じた雇用管理に関する措置」を実施することが分かる資料（例：契約書の雛形、就業規則等）

2.　高年齢者雇用確保措置を講じていることが分かる資料（就業規則等（経過措置に基づく継続雇用の対象者を限定する基準を設けている場合は、当該基準を定めた労使協定書（複数事業所を有する場合は本社分のみで可。）を含む。））

3.　変更申請の場合は、認定されている計画の写し。

3 高年齢者就業確保措置の詳細

　高年齢者就業確保措置の実施及び運用に関する指針（以下、指針）についても見ておきます。

　本書では、65歳以降の就業について検討を行いましたが、その一方で、高年齢者就業確保措置自体については努力義務であることもあり、そこまで厳密には考えてはいません。厳密に考えていないというのは、高年齢者就業確保措置としては問題があったとしても、それ以外の法律で問題がないのであれば、制度設計上、神経質に考えてはいないという意味です。

　ただ、将来的な義務化を見据えるのであれば、高年齢者就業確保措置について法令上の考え方も知っておいたほうがよいと思われるため、以下にて指針の内容のうち、重要と思われる部分についてまとめておきます。

　なお、ここで取り上げている「高年齢者等職業安定対策基本方針」及び「高年齢者就業確保措置の実施及び運用に関する指針」については、巻末の資料で全文を載せてありますので、そちらも参照してください。

行政による指導及び助言、勧告

　高年齢者雇用安定法では、高年齢者等職業安定対策基本方針と照らして、65歳から70歳までの安定した雇用の確保のため必要があると認めるときは、会社に対して必要な指導及び助言ができるとしています。そして、会社が指導及び助言に従わない場合は高年齢者就業確保措置の実施に関する計画の実施を勧告することができます。

3　高年齢者就業確保措置の詳細

　この高年齢者就業確保措置の実施に関する計画については、省令にて記載する必要のある事項が定められているほか、計画作成の際は、遅滞なく管轄の公共職業安定所の所長に提出することが定められています。

　ただ、改正法施行以降、高年齢者就業確保措置自体が努力義務であり、労働局も積極的に指導や助言、勧告を行っている様子もないため、対応の優先順位は低いといえます。

高年齢者の健康及び安全の確保

　また、指針では、対象者が高年齢者雇用確保措置よりもさらに高齢となることもあり、高年齢者の健康及び安全の確保のため、「高年齢労働者の安全と健康確保のためのガイドライン」を参考に就業上の災害防止対策に積極的に取り組むよう努めることを求めています。その他、高年齢者就業確保措置の際に高年齢者に従前と異なる業務等を行わせる場合、事前に教育や訓練を行うことが望ましいとしています。

事業者に求められる取組

1. 安全衛生管理体制の確立等
   - 経営トップ自らが安全衛生方針を表明し、担当する組織や担当者を指定
   - 高年齢労働者の身体機能の低下等による労働災害についてリスクアセスメントを実施
2. 職場環境の改善
   - 照度の確保、段差の解消、補助機器の導入等、身体機能の低下を補う設備・装置の導入
   - 勤務形態等の工夫、ゆとりのある作業スピード等、高年齢労働者の特性を考慮した作業管理
3. 高年齢労働者の健康や体力の状況の把握

235

第 7 章　その他高年齢労働者の労務管理に関する諸事項

　　　・健康診断や体力チェックにより、事業者、高年齢労働者双方
　　　　が当該高年齢労働者の健康や体力の状況を客観的に把握
　　4.　高年齢労働者の健康や体力の状況に応じた対応
　　　・健康診断や体力チェックにより把握した個々の高年齢労働者
　　　　の健康や体力の状況に応じて、安全と健康の点で適合する業
　　　　務をマッチング
　　　・集団及び個々の高年齢労働者を対象に身体機能の維持向上に
　　　　取り組む
　　5.　安全衛生教育
　　　・十分な時間をかけ、写真や図、映像等、文字以外の情報を活
　　　　用した教育を実施
　　　・再雇用や再就職等で経験のない業種や業務に従事する場合に
　　　　は、特に丁寧な教育訓練

労働者に求められる取り組み
・自らの身体機能や健康状況を客観的に把握し、健康や体力の維
　持管理に努める
・日頃から運動を取り入れ、食習慣の改善等により体力の維持と
　生活習慣の改善に取り組む

　　　出典：高年齢労働者の安全と健康確保のためのガイドライン概要

巻末付録

1 嘱託社員就業規則（福祉的雇用）………………………………… 238
2 嘱託社員就業規則（戦力としての雇用）……………………… 245
3 定年後再雇用労働条件通知書 ……………………………………… 251
4 高年齢者等職業安定対策基本方針 ……………………………… 253
5 高年齢者就業確保措置の実施及び運用に関する指針 ……… 272

巻末付録

◆嘱託社員就業規則（福祉的雇用）

第1条（目的）
　この規則は正社員就業規則第○条に基づき、嘱託社員の労働条件、服務規律その他の就業に関することを定めるものである。

第2条（適用範囲及び定義）
　1　この規則は嘱託社員について適用する。
　2　前項の嘱託社員とは、正社員就業規則第○条によって定年退職後、再雇用された有期雇用労働者のことをいう。

第3条（準用）
　嘱託社員については、次の就業規則等の条文の内容を準用する。
・正社員就業規則

適用内容	条文番号等
第○章　勤務	第○条（労働時間の定義） 第○条（時間外、休日及び深夜労働） 第○条（緊急災害時の時間外及び休日労働） 第○条（生理休暇） 第○条（母性の保護） 第○条（産前産後の休業） 第○条（育児時間） 第○条（公民権行使の時間）
第○章　服務	第○条（服務規律） 第○条（出退勤） 第○条（欠勤、遅刻、早退、私用外出） 第○条（副業・兼業） 第○条（あらゆるハラスメントの禁止）

238

嘱託社員就業規則（福祉的雇用）

第○章　退職	第○条（退職の手続き） 第○条（退職証明） 第○条（解雇） 第○条（解雇予告）
第○章　表彰・懲戒	第○条（表彰） 第○条（懲戒の種類） 第○条（懲戒事由）
第○章　安全衛生	第○条（安全衛生の義務） 第○条（健康診断） 第○条（ストレスチェック） 第○条（長時間労働者に対する面接指導） 第○条（安全衛生教育） 第○条（就業禁止）
第○章　雑則	第○条（教育訓練） 第○条（災害補償）

・別規程

適用内容	条文番号等
賃金規程	本規則に定めのないものについては嘱託社員にも準用する
退職金規程	適用しない
育児介護休業規程	適用する

第4条（異動・出向）

　　会社は、嘱託社員に対して配置転換、職場変更、住居の移動を伴う転勤、職種変更、又は出向を命じることはない。

第5条（休職等）

　1　休職等については正社員就業規則第○条から第○条の内容

239

巻末付録

を準用する。

2　前項にかかわらず、嘱託社員については、休職期間の満了よりも前に労働契約の終了日が来る場合、休職期間は労働契約の終了日までとする。

第6条（労働時間及び休憩時間）

1　嘱託社員の始業・終業時刻及び休憩時間は、次の範囲内で、本人の希望、勤務態様等を勘案して個別の労働契約書により定める。

始業時刻	午前9時00分
終業時刻	午後6時00分
休憩時間	正午から午後1時00分まで

2　変形労働時間制、フレックスタイム制、裁量労働制を適用する嘱託社員については、前項にかかわらず、正社員就業規則の当該制度の規定を準用する。

3　業務の都合その他やむを得ない事情により、前各項の始業・終業時刻及び休憩時間を繰り上げ又は繰り下げることがある。

第7条（休日）

1　嘱託社員の休日は、所定の出勤日以外の日とする。

2　前項の休日は少なくとも週に2日は確保するものとする。

3　変形労働時間制、フレックスタイム制、裁量労働制を適用する嘱託社員については、前各項にかかわらず、正社員就業規則の当該制度の規定を準用する。

240

嘱託社員就業規則（福祉的雇用）

第8条（年次有給休暇）

1　嘱託社員の年次有給休暇については、正社員就業規則第○条から第○条の内容を準用する。

2　前項にかかわらず、週所定労働日数が4日以下又は年間所定労働日数が216日以下の嘱託社員（週所定労働時間が30時間以上のものを除く）については、その勤続年数に応じ、次の表に掲げる日数の年次有給休暇を与える。

	週所定労働日数 （1年間の所定労働日数※）	勤続年数						
		6か月	1年 6か月	2年 6か月	3年 6か月	4年 6か月	5年 6か月	6年 6か月 以上
付与日数	週4日 （169日～216日）	7日	8日	9日	10日	12日	13日	15日
	週3日 （121日～168日）	5日	6日	6日	8日	9日	10日	11日
	週2日 （73日～120日）	3日	4日	4日	5日	6日	6日	7日
	週1日 （48日～72日）	1日	2日	2日	2日	3日	3日	3日

※週以外の期間によって労働日数が定められる場合

第9条（慶弔休暇）

1　嘱託社員が次の事由に該当するときは勤務日の振替を行い、次の日数、休暇が確保できるようにする。ただし、勤務日の振替のみで対応できない場合は、足りない日数分を慶弔休暇として与える。

事　　項	休暇日数
本人が結婚したとき	4日
本人の父母、配偶者、子が死亡したとき	2日

241

本人の祖父母、配偶者の父母、兄弟姉妹が死亡したとき	1日
妻が出産したとき	1日

2　前項の休暇は、原則として取得の初日から連続して取得するものとする。

3　休暇には休日は含まれないものとする。

4　休暇時の賃金は無給とする。

第10条（退職）

　嘱託社員が次の各号のいずれかに該当するに至った場合は、その日を退職の日とし、翌日に嘱託社員の身分を失う。

　①　雇用契約期間が満了したとき

　②　死亡したとき

　③　自己都合により退職を願い出て会社の承認があったとき

　④　前号の承認なく、退職届の提出後14日を経過したとき

　⑤　休職期間が満了し、復職できないとき

　⑥　嘱託社員が行方不明となり、連絡が取れない期間が継続して30日が経過したとき

　⑦　その他、退職について労使双方で合意したとき

第11条（定年等）

1　嘱託社員については、定年は適用しない。

2　嘱託社員としての労働契約は最長1年間の有期雇用契約とし、労働契約書に定める更新基準に則り、更新の有無を判断する。

3　嘱託社員として雇用する期間は、65歳の誕生日に達するまでを限度とする。

4　会社が何らかの理由での65歳以上の者と期間の定めのな

い契約を結ぶ場合、その定年は70歳とする。

第12条（賃金とその構成）
1　嘱託社員の賃金については個別の労働契約書により定め、本規則及び労働契約書に定めのない事項については、賃金規程の内容を準用する。
2　嘱託社員の賃金の構成は次の通りとする。

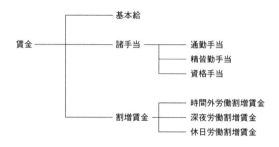

第13条（基本給）
　嘱託社員の基本給は日給月給制とし、本人の職務内容、技能、勤務成績、年齢等を考慮して各人別に決定する。

第14条（諸手当）
嘱託社員に対する諸手当は次の通りとする。
① 嘱託社員に対しては、配偶者手当は支給しない
② 通勤手当は従業員と同様の支給を行う
③ 精皆勤手当は従業員と同様の支給を行う
④ 資格手当は従業員と同様の支給を行う
⑤ 役職定年後となるため、嘱託社員には役職手当を支給することはない
⑥ 嘱託社員に対しては、特別作業手当の対象となる業務を行わせることはないため、特別作業手当は支給しない

第 15 条（給与改定）

　嘱託社員に対しては、契約更新時の労働条件の見直し以外での給与改定は行わない。

第 16 条（賞与）

　嘱託社員に対しては、原則として賞与は支給しない。

第 17 条（退職金）

　嘱託社員に対して、会社は退職金を支給しない。

第 18 条（無期転換）

　嘱託社員については、有期雇用特別措置法における第二種特定有期雇用労働者に該当するため、有期雇用契約での雇用期間が通算で 5 年を超えた者であっても、無期雇用労働者へ転換することはできない。（※）

※　この規定を有効とするには、都道府県労働局長の認定を受ける必要があります。

第 19 条（相談窓口）

　嘱託社員の相談窓口は総務部とする。

附則
（施行日）
この規則は、　　年　　月　　日から施行する。

＊「嘱託社員就業規則（戦力としての雇用）」と異なる箇所には下線を引いています。

嘱託社員就業規則（戦力としての雇用）

◆嘱託社員就業規則（戦力としての雇用）

第1条（目的）

この規則は正社員就業規則第○条に基づき、嘱託社員の労働条件、服務規律その他の就業に関することを定めるものである。

第2条（適用範囲及び定義）

1　この規則は嘱託社員について適用する。

2　前項の嘱託社員とは、正社員就業規則第○条によって定年退職後、再雇用された有期雇用労働者のことをいう。

第3条（準用）

嘱託社員については、次の就業規則等の条文の内容を準用する。

・正社員就業規則

適用内容	条文番号等
第○章　勤務	第○条（労働時間の定義）
	第○条（休日）
	第○条（時間外、休日及び深夜労働）
	第○条（緊急災害時の時間外及び休日労働）
	第○条（年次有給休暇の付与）
	第○条（出勤率）
	第○条（年次有給休暇の取得）
	第○条（年次有給休暇の時季指定）
	第○条（慶弔休暇）
	第○条（生理休暇）
	第○条（母性の保護）
	第○条（産前産後の休業）
	第○条（育児時間）
	第○条（公民権行使の時間）

245

第○章　服務	第○条（服務規律）
	第○条（出退勤）
	第○条（欠勤、遅刻、早退、私用外出）
	第○条（副業・兼業）
	第○条（あらゆるハラスメントの禁止）
第○章　退職	第○条（退職の手続き）
	第○条（退職証明）
	第○条（解雇）
	第○条（解雇予告）
第○章　表彰・懲戒	第○条（表彰）
	第○条（懲戒の種類）
	第○条（懲戒事由）
第○章　安全衛生	第○条（安全衛生の義務）
	第○条（健康診断）
	第○条（ストレスチェック）
	第○条（長時間労働者に対する面接指導）
	第○条（安全衛生教育）
	第○条（就業禁止）
第○章　雑則	第○条（教育訓練）
	第○条（災害補償）

・別規程

適用内容	条文番号等
賃金規程	本規則に定めのないものについては嘱託社員にも準用する
退職金規程	適用しない
育児介護休業規程	適用する

第4条（異動・出向）

　会社は、嘱託社員に対して配置転換、職場変更、住居の移動を伴う転勤、職種変更、又は出向を命じることはない。

第5条（休職等）

1　休職等については正社員就業規則第○条から第○条の内容を準用する。

2　前項にかかわらず、嘱託社員については、休職期間の満了よりも前に労働契約の終了日が来る場合、休職期間は労働契約の終了日までとする。

第6条（労働時間及び休憩時間）

1　嘱託社員の1日の所定労働時間は、休憩時間を除き、実働8時間とする。

2　嘱託社員の始業・終業時刻及び休憩時間は、次の通りとする。

始業時刻	午前9時00分
終業時刻	午後6時00分
休憩時間	正午から午後1時00分まで

3　変形労働時間制、フレックスタイム制、裁量労働制を適用する嘱託社員については、前各項にかかわらず、正社員就業規則の当該制度の規定を準用する。

4　業務の都合その他やむを得ない事情により、前各項の始業・終業時刻及び休憩時間を繰り上げ又は繰り下げることがある。

247

第7条（退職）

　　嘱託社員が次の各号のいずれかに該当するに至った場合は、その日を退職の日とし、翌日に嘱託社員の身分を失う。

　　①　雇用契約期間が満了したとき

　　②　死亡したとき

　　③　自己都合により退職を願い出て会社の承認があったとき

　　④　前号の承認なく、退職届の提出後14日を経過したとき

　　⑤　休職期間が満了し、復職できないとき

　　⑥　嘱託社員が行方不明となり、連絡が取れない期間が継続して30日が経過したとき

　　⑦　その他、退職について労使双方で合意したとき

第8条（定年等）

　1　嘱託社員については、定年は適用しない。

　2　嘱託社員としての労働契約は最長1年間の有期雇用契約とし、労働契約書に定める更新基準に則り、更新の有無を判断する。

　3　嘱託社員として雇用する期間は、65歳の誕生日に達するまでを限度とする。

　4　会社が何らかの理由での65歳以上の者と期間の定めのない契約を結ぶ場合、その定年は70歳とする。

第9条（賃金とその構成）

　1　嘱託社員の賃金については個別の労働契約書により定め、本規則及び労働契約書に定めのない事項については、賃金規程の内容を準用する。

　2　嘱託社員の賃金の構成は次の通りとする。

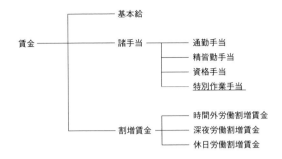

第10条（基本給）

　嘱託社員の基本給は日給月給制とし、本人の職務内容、技能、勤務成績、年齢等を考慮して各人別に決定する。

第11条（諸手当）

　嘱託社員に対する諸手当は次の通りとする。
　① 嘱託社員に対しては、配偶者手当は支給しない
　② 通勤手当は従業員と同様の支給を行う
　③ 精皆勤手当は従業員と同様の支給を行う
　④ 資格手当は従業員と同様の支給を行う
　⑤ 役職定年後となるため、嘱託社員には役職手当を支給することはない
　⑥ <u>嘱託社員が特別作業手当の対象となる業務を行う場合、特別作業手当は従業員と同様の支給を行う</u>

第12条（給与改定）

　嘱託社員に対しては、契約更新時の労働条件の見直し以外での給与改定は行わない。

第13条（賞与）

　1　<u>嘱託社員の賞与の支給額は、会社の業績、嘱託社員各人の</u>

巻末付録

査定結果、各人の貢献度、職責、所定労働日数及び所定労働
時間等に合わせて、その都度決定する。

2　その他、嘱託社員の賞与に関しては、賃金規程第○条を準
用する

第14条（退職金）
嘱託社員に対して、会社は退職金を支給しない。

第15条（無期転換）
嘱託社員については、有期雇用特別措置法における第二種特
定有期雇用労働者に該当するため、有期雇用契約での雇用期間
が通算で5年を超えた者であっても、無期雇用労働者へ転換す
ることはできない。（※）

※　この規定を有効とするには、都道府県労働局長の認定を受け
る必要があります。

第16条（相談窓口）
嘱託社員の相談窓口は総務部とする。

附則
（施行日）
この規則は、　　年　　月　　日から施行する。

＊「嘱託社員就業規則（戦力としての雇用）」と異なる箇所には下線を引
いています。

250

定年後再雇用者労働条件通知書（第６章　具体例②　福祉的雇用の場合）

◆定年後再雇用者労働条件通知書（第６章　具体例②　福祉的雇用の場合）

令和 7 年 3 月 20 日

　　〇〇　〇〇　　殿

事業場名称・所在地　愛知県名古屋市熱田区□□町1-2　　B株式会社
使用者職氏名　代表取締役　△△　△△

契約期間	期間の定めなし、(期間の定めあり)（令和７年４月５日～　令和８年４月４日） ※以下は、「契約期間」について「期間の定めあり」とした場合に記入 　1　契約の更新の有無 　　[自動的に更新する・(更新する場合があり得る)・契約の更新はしない・その他（　　　）] 　2　契約の更新は次により判断する。 　　┌ ・契約期間満了時の業務量　　・勤務成績、態度　　　・能力 　　│ ・会社の経営状況　　・従事している業務の進捗状況 　　└ ・その他（　　解雇事由又は退職事由に該当しない場合　　） 　3　更新上限の有無（無・(有)更新　　回まで／通算契約期間５年まで）） 【労働契約法に定める同一の企業との間での通算契約期間が５年を超える有期労働契約の締結の場合】 　　本契約期間中に会社に対して期間の定めのない労働契約（無期労働契約）の締結の申込みをすることにより、本契約期間の末日の翌日（　年　月　日）から、無期労働契約での雇用に転換することができる。この場合の本契約からの労働条件の変更の有無（　無　・　有（別紙のとおり）　） 【有期雇用特別措置法による特例の対象者の場合】 　無期転換申込権が発生しない期間：　Ⅰ（高度専門）　(Ⅱ)（定年後の高齢者） 　　Ⅰ　特定有期業務の開始から完了までの期間（　　　年　　か月（上限10年）） 　　(Ⅱ)　定年後引き続いて雇用されている期間
就業の場所	（雇入れ直後）　**本社工場**　　　　　（変更の範囲）**本社工場**
従事すべき 業務の内容	（雇入れ直後）プレス機械の操作の補助、操作方法の指導（変更の範囲）プレス機械の操作の補助、操作方法の指導 　　　　　　【有期雇用特別措置法による特例の対象者（高度専門）の場合】 　　　　　　・特定有期業務（　　　　　　　　開始日：　　　　完了日：　　　）
始業、終業の 時刻、休憩時 間、就業時転 換（(1)～(5) のうち該当す るもの一つに 〇を付けるこ と。）、所定時 間外労働の有 無に関する事 項	1　始業・終業の時刻等 　(1)　始業（　午前9時　00分）　終業（　午後6時　00分） 　【以下のような制度が労働者に適用される場合】 　(2)　変形労働時間制等；（　　）単位の変形労働時間制・交替制として、次の勤務時間の組み合わせによる。 　┌ 始業（　時　分）終業（　時　分）　（適用日　　　　　　） 　├ 始業（　時　分）終業（　時　分）　（適用日　　　　　　） 　└ 始業（　時　分）終業（　時　分）　（適用日　　　　　　） 　(3)　フレックスタイム制；始業及び終業の時刻は労働者の決定に委ねる。 　　　　　（ただし、フレキシブルタイム（始業）　時　分から　時　分、 　　　　　　　　　　　　　　　　（終業）　時　分から　時　分、 　　　　　　　　　コアタイム　　　　　　時　分から　時　分） 　(4)　事業場外みなし労働時間制；始業（　時　分）終業（　時　分） 　(5)　裁量労働制；始業（　時　分）終業（　時　分）を基本とし、労働者の決定に委ねる。 　〇詳細は、就業規則第　条～第　条、第　条～第　条、第　条～第　条 　2　休憩時間（６０）分 　3　所定時間外労働の有無（(有)，　無　）
休　　日	・定例日；毎週　　曜日、国民の祝日、その他（　　　　　　　　　　） ・非定例日；(週)・月当たり　2　日、その他（　　　　　　　　　　） ・１年単位の変形労働時間制の場合－年間　　　日 〇詳細は、嘱託社員就業規則第７条
休　　暇	1　年次有給休暇　年次有給休暇の勤続年数、付与日数は定年前のものを引き継ぐ 　　　時間単位年休（有・(無)） 　2　代替休暇（有・(無)） 　3　その他の休暇　有給（　　　なし　　　　　） 　　　　　　　　　　無給（　　慶弔休暇　　　　） 〇詳細は、嘱託社員就業規則第３条、第７条～第８条

（次頁に続く）

251

巻末付録

賃　　金	1	基本賃金　イ　月給（ **245,000円** ）、ロ　日給（　　　　　　円）
		ハ　時間給（　　　　円）、
		ニ　出来高給（基本単価　　　円、保障給　　　円）
		ホ　その他（　　　　　円）
		ヘ　就業規則に規定されている賃金等級等
	2	諸手当の額又は計算方法
		ⓘ（　　　通勤手当　**15,000円**　／計算方法：**通勤にかかる費用の実費**　　　　）
		ⓛ（　　精皆勤手当　**10,000円**　／計算方法：**勤務成績に応じて**　　　　　　）
		ⓗ（　　　資格手当　**10,000円**　／計算方法：**会社の指定する資格保持数に応じて**　）
		ニ（　　　　手当　　／計算方法：　　　　　　　　　　　　　　　）
	3	所定時間外、休日又は深夜労働に対して支払われる割増賃金率
		イ　所定時間外、法定超　月６０時間以内（　２５）％
		月６０時間超　（　５０）％
		所定超　（　０）％
		ロ　休日　法定休日（　３５）％、法定外休日（　２５）％
		ハ　深夜（　２５）％
	4	賃金締切日（　　　）－毎月２０日、（　　　）－毎月　　　日
	5	賃金支払日（　　　）－毎月　末日、（　　　）－毎月　　　日
	6	賃金の支払方法（　**本人名義の銀行口座振込**　）
	7	労使協定に基づく賃金支払時の控除（無），有（　　　　　　　　）
	8	昇給（　有（時期、金額等　　　　　　　　　　），（無））
	9	賞与（　有（時期、金額等　　　　　　　　　　），（無））
	10	退職金（　有（時期、金額等　　　　　　　　　），（無））
退職に関する事項	1	定年制　（　有（　　歳），（無））
	2	継続雇用制度（有）（　６５歳まで），　無　）
	3	創業支援等措置（　有（　　歳まで業務委託・社会貢献事業），（無））
	4	自己都合退職の手続（退職する１４日以上前に届け出ること）
	5	解雇の事由及び手続　**就業規則に従い解雇する**
		○詳細は、嘱託社員就業規則第３条
その　他		・社会保険の加入状況（（厚生年金）（健康保険）その他（　　　　））
		・雇用保険の適用（有），　無　）
		・中小企業退職金共済制度
		（加入している　，（加入していない）（※中小企業の場合）
		・企業年金制度（　有（制度名　　　　　　　　　），（無））
		・雇用管理の改善等に関する事項に係る相談窓口
		部署名　**総務部**　担当者職氏名　■■　■■　　（連絡先　**052-000-0000**　）
		・その他（　　　　　　　　　　　　　　　　　　　　　　　　　　　）

※以下は、「契約期間」について「期間の定めあり」とした場合についての説明です。
　　労働契約法第18条の規定により、有期労働契約（平成25年4月1日以降に開始するもの）の契約期間が通算5年を超える場合には、労働契約の期間の末日までに労働者から申込みをすることにより、当該労働契約の期間の末日の翌日から期間の定めのない労働契約に転換されます。ただし、有期雇用特別措置法による特例の対象となる場合は、無期転換申込権の発生については、特例的に本通知書の「契約期間」の「有期雇用特別措置法による特例の対象者の場合」欄に明示したとおりとなります。

以上のほかは、当社就業規則による。就業規則を確認できる場所や方法（　**事務所・休憩室内に掲示**　）

※　本通知書の交付は、労働基準法第15条に基づく労働条件の明示及び短時間労働者及び有期雇用労働者の雇用管理の改善等に関する法律（パートタイム・有期雇用労働法）第6条に基づく文書の交付を兼ねるものであること。

※　労働条件通知書については、労使間の紛争の未然防止のため、保存しておくことをお勧めします。

252

◆高年齢者等職業安定対策基本方針
○厚生労働省告示第三百五十号

　高年齢者等の雇用の安定等に関する法律（昭和四十六年法律第六十八号）第六条第一項の規定に基づき、高年齢者等職業安定対策基本方針を次のように定め、令和三年四月一日から適用することとしたので、同条第四項の規定に基づき告示する。なお、高年齢者等職業安定対策基本方針（平成二十四年厚生労働省告示第五百五十九号）は、令和三年三月三十一日限り廃止する。

　　　令和二年十月三十日

　　　　　　　　　　　　　　　厚生労働大臣　　田村　憲久

　　　高年齢者等職業安定対策基本方針
目次
　はじめに
　第1　高年齢者の就業の動向に関する事項
　第2　高年齢者の就業の機会の増大の目標に関する事項
　第3　事業主が行うべき諸条件の整備等に関して指針となるべき事項
　第4　高年齢者の職業の安定を図るための施策の基本となるべき事項
はじめに
　1　方針のねらい
　　　少子高齢化が急速に進行し人口が減少する我が国においては、経済社会の活力を維持するため、全ての年代の人々がその特性・強みを活かし、経済社会の担い手として活躍できるよう環境整備を進めることが必要である。

　　　特に、人生100年時代を迎える中、働く意欲がある高年齢者がその能力を十分に発揮できるよう、高年齢者が活躍できる環境整備を図っていくことが重要である。

　　　働く意欲がある高年齢者がその能力を十分に発揮できるよう、高年齢者の活躍の場を整備するため、令和2年第201回通常国会におい

て、70歳までの就業機会の確保を事業主の努力義務とすること等を内容とする高年齢者等の雇用の安定等に関する法律（昭和46年法律第68号。以下「法」という。）の改正（以下「令和2年改正」という。）が行われた。この基本方針は、令和2年改正の趣旨等を踏まえ、高年齢者の雇用・就業についての目標及び施策の基本的考え方を、労使を始め国民に広く示すとともに、事業主が行うべき諸条件の整備等に関する指針を示すこと等により、高年齢者の雇用の安定の確保、再就職の促進及び多様な就業機会の確保を図るものである。

また、70歳までの就業機会の確保に関する施策を推進するに当たっては、65歳までの雇用機会が確保されていることが前提である。このため、令和2年改正による改正前の法による65歳までの希望者全員の雇用確保措置（令和6年度年度末に労使協定による継続雇用制度の対象者基準を適用できる経過措置は終了）の導入に向けた取組を引き続き行うことが必要である。

2　方針の対象期間

この基本方針の対象期間は、令和3年度から令和7年度までの5年間とする。ただし、この基本方針の内容は令和2年改正を前提とするものであることから、高年齢者の雇用等の状況や、労働力の需給調整に関する制度、雇用保険制度、年金制度、公務員に係る再任用制度等関連諸制度の動向に照らして、必要な場合は改正を行うものとする。

第1　高年齢者の就業の動向に関する事項

1　人口及び労働力人口の高齢化

我が国の人口は、世界でも例を見ない急速な少子高齢化が進行しており、平成27年（2015年）から令和22年（2040年）までの25年間においては、15〜59歳の者が約1,693万人減少するのに対し、60歳以上の高年齢者が約477万人増加し、2.4人に1人が60歳以上の高年齢者となるものと見込まれる。

また、60歳以上の労働力人口は令和元年で約1,450万人であり、令

和18年（2036年）から令和21年（2039年）にかけていわゆる団塊2世（昭和46年（1971年）から昭和49年（1974年）までに生まれた世代）が65歳に達する等人口ピラミッドの変化が起きることから、平成29年（2017年）と労働力率が同じ水準であるとすれば、平成29年（2017年）から令和22年（2040年）までの23年間においては、60〜69歳の労働力人口は24万人減少し、70歳以上の労働力人口は26万人増加すると見込まれる（総務省統計局「国勢調査」（平成27年）、「労働力調査」（令和元年）及び国立社会保障・人口問題研究所「日本の将来推計人口」（平成29年）の出生中位（死亡中位）推計、独立行政法人労働政策研究・研修機構「労働力需給の推計—労働力需給モデル（2018年度版）による将来推計—」（2019））。

2　高年齢者の雇用・就業の状況

　高年齢者の雇用失業情勢を見ると、令和元年における完全失業率は、年齢計及び60〜64歳層ともに2.4％となっており、これを男女別に見ると、男性については年齢計及び60〜64歳層ともに2.5％であるのに対し、女性については年齢計が2.2％、60〜64歳層では1.7％となっている。

　なお、65〜69歳層の完全失業率は2.3％であり、男女別に見ると、男性は3.1％、女性は1.1％となっている（総務省統計局「労働力調査」）。

　60〜64歳層の就業率は、平成24年に57.7％、令和元年に70.3％となっている。これを男女別に見ると、男性は、平成24年に71.3％、令和元年に82.3％となっている。また、女性は、平成24年に44.5％、令和元年に58.6％となっており、近年高まっている（総務省統計局「労働力調査」）。また、常用労働者が31人以上の企業における60〜64歳層の常用労働者数は、平成24年の約196万人から、令和元年の約215万人に増加している（厚生労働省「高年齢者雇用状況報告」）。

　65〜69歳層の就業率は、平成24年に37.1％、令和元年に48.4％となっている。これを男女別に見ると、男性は、平成24年に46.9％、

令和元年に58.9％、女性は、平成24年に27.8％、令和元年に38.6％となっており、近年高まっている（総務省統計局「労働力調査」）。

60～69歳の高年齢者の勤務形態を見ると、令和元年時点で、男性の雇用者に占めるフルタイム勤務以外の者の割合は、60～64歳層で22.5％、65～69歳層で52.9％となっている。また、女性の雇用者に占めるフルタイム勤務以外の者の割合は、60～64歳層で62.9％、65～69歳層で69.8％となっており、年齢層が高くなるほど高まっている（独立行政法人労働政策研究・研修機構「60代の雇用・生活調査」（令和元年））。

なお、60～69歳の高年齢者の仕事の内容を見ると、「会社、団体などに雇われて仕事をしていた」と答えた者の割合は、男性は、60～64歳層で70.7％、65～69歳層で58.1％、女性は、60～64歳層で73.0％、65～69歳層で56.9％となっており、「商店、工場、農家などの自家営業（自営業主の場合をいいます）や自由業であった」と答えた者の割合は、男性は、60～64歳層で11.1％、65～69歳層で15.6％、女性は、60～64歳層で8.2％、65～69歳層で12.3％となっている（独立行政法人労働政策研究・研修機構「60代の雇用・生活調査」（令和元年））。

3　高年齢者に係る雇用制度の状況

(1)　定年制及び継続雇用制度の動向

令和元年6月1日現在、常用労働者が31人以上の企業のうち99.8％が65歳までの令和2年改正前の法第9条第1項の規定に基づく高年齢者雇用確保措置（定年の引上げ、継続雇用制度（現に雇用している高年齢者が希望するときは、当該高年齢者をその定年後も引き続いて雇用する制度をいう。以下同じ。）の導入又は定年の定めの廃止をいう。以下この第1において同じ。）を実施済みである。そのうち、定年の定めの廃止の措置を講じた企業の割合は2.7％、定年の引上げの措置を講じた企業の割合は19.4％、継続雇用制度の導入の措置を講じた企業の割合は77.9％となっている。継続雇用制度を導入した企業のうち、希望者全員を対象とする制度を導入した

企業の割合は 73.0％、制度の対象となる高年齢者に係る基準を定めた企業の割合は 27.0％となっている。

また、希望者全員が 65 歳以上まで働ける企業の割合は 78.8％となっている（厚生労働省「高年齢者雇用状況報告」（令和元年））。60 代前半の継続雇用者の雇用形態については、60〜64 歳層で正社員の者が 26.4％、パート・アルバイトの者が 34.6％、嘱託の者が 18.2％、契約社員の者が 13.6％、65〜69 歳層で正社員の者が 14.6％、パート・アルバイトの者が 49.0％、嘱託の者が 11.1％、契約社員の者が 15.6％となっている（独立行政法人労働政策研究・研修機構「60 代の雇用・生活調査」（令和元年））。

また、高年齢者雇用確保措置を講じている企業で、勤務延長制度の雇用契約期間について 1 年とする企業の割合が 51.8％、1 年を超える期間とする企業の割合は 9.2％、半年以上 1 年未満とする企業の割合は 2.8％、半年未満とする企業の割合は 1.7％、期間を定めない企業が 34.5％となっている。また、再雇用制度の雇用契約期間について 1 年とする企業の割合が 74.7％、1 年を超える期間とする企業の割合は 8.2％、半年以上 1 年未満とする企業の割合は 4.2％、半年未満とする企業の割合は 1.8％、期間を定めない企業が 11.1％となっている（厚生労働省「就労条件総合調査」（平成 29 年））。

(2) 賃金の状況

　イ　賃金決定の要素

　　過去 3 年間に賃金制度の改定を行った企業（35.5％）では、その改定内容（複数回答）として、「職務・職種などの仕事の内容に対応する賃金部分の拡大」（21.3％）、「職務遂行能力に対応する賃金部分の拡大」（18.5％）、「業績・成果に対応する賃金部分の拡大」（16.1％）を多く挙げている（厚生労働省「就労条件総合調査」（平成 29 年））。

　ロ　転職者の賃金

　　転職時の賃金変動の状況をみると、減少となっている者の割

合は、一般に年齢が高いほど高くなる傾向にあり、10％以上の
減少となっている者の割合は45～49歳で23.2％、50～54歳で
20.1％、55～59歳で37.6％、60～64歳で65.1％となっている。
ただし、65歳以上では47.8％となっており、その割合は減少し
ている（厚生労働省「雇用動向調査」（令和元年（上半期）））。

ハ　継続雇用時の賃金

60歳以降もそれまでに在籍した企業に継続して雇用されるフル
タイムの労働者の60歳直前の賃金を100とした場合の61歳
の時点の賃金水準の指数については、企業内で平均的な賃金水
準の者が78.7となっている。（独立行政法人労働政策研究・研
修機構「高齢者の雇用に関する調査（企業調査）」（令和元年））。

ニ　継続雇用時の賃金水準決定の要素

60代前半の継続雇用者の賃金水準決定の際に考慮している点
（複数回答）をみると、「60歳到達時の賃金水準」（48.0％）、「個
人の知識、技能、技術」（47.8％）、「担当する職務の市場賃金・
相場」（20.5％）、「業界他社の状況」（18.4％）、「自社所在地域
の最低賃金」（14.1％）となっている（独立行政法人労働政策研
究・研修機構「高齢者の雇用に関する調査（企業調査）」（令和
元年））。

4　高年齢者の労働災害の状況

労働災害の発生状況を休業4日以上の死傷者数でみると、60歳以上
の労働者の割合は、平成24年（2012年）の21.0％から、令和元年
（2019年）の26.8％に増加している（厚生労働省「労働者死傷病報
告」）。

5　高年齢者の就業意欲

60歳以上の男女の就業意欲についてみると、現在就労している60
歳以上の者のうち、70歳くらいまで仕事をしたい者の割合が21.9％、
75歳くらいまで仕事をしたい者の割合が11.4％、80歳くらいまで仕
事をしたい者の割合が4.4％、働けるうちはいつまでも仕事をしたい

者の割合が 42.0％ となっている（内閣府「高齢者の日常生活に関する意識調査」（平成 26 年））。

第2　高年齢者の就業の機会の増大の目標に関する事項

　高年齢者の職業の安定その他の福祉の増進を図るとともに、少子高齢化が進む中で経済社会の活力を維持するためには、年齢にかかわりなく働ける企業の普及を図り、高年齢者の雇用の場の拡大に努めること等により、高年齢者の就業の機会を確保し、生涯現役社会を実現することが必要である。

　また、平成 25 年度から公的年金の報酬比例部分の支給開始年齢が段階的に 65 歳へ引き上げられていることから、雇用と年金の確実な接続を図ることが重要である。このため、高年齢者等の雇用の安定等に関する法律の一部を改正する法律（平成 24 年法律第 78 号）による改正後の法に基づき、希望者全員の 65 歳までの高年齢者雇用確保措置が全ての企業において講じられるよう取り組む。

　加えて、人生 100 年時代を迎え、働く意欲がある高年齢者がその能力を十分に発揮できるよう、高年齢者の活躍の場を整備することも重要である。このため、令和 2 年改正後の法に基づき、70 歳までの高年齢者就業確保措置が適切に企業において講じられるよう取り組む。

　なお、高年齢者の雇用対策については、その知識、経験等を活かした安定した雇用の確保が基本となるが、それが困難な場合にあっては、在職中からの再就職支援等により、円滑に企業間の労働移動を行うことができるよう、また、有期契約労働者を含め離職する労働者に対しては、その早期再就職が可能となるよう再就職促進対策の強化を図る。

　また、高齢期には、個々の労働者の意欲、体力等個人差が拡大し、その雇用・就業ニーズも雇用就業形態、労働時間等において多様化することから、このような多様なニーズに対応した雇用・就業機会の確保を図る。これらの施策により、成長戦略実行計画（令和元年 6 月 21 日閣議決定）で示された 2025 年までの目標である 65〜69 歳の就業率を 51.6％

巻末付録

以上とすることを目指す。

第3　事業主が行うべき諸条件の整備等に関して指針となるべき事項
　1　事業主が行うべき諸条件の整備に関する指針
　　　事業主は、高年齢者が年齢にかかわりなく、その意欲及び能力に応じて働き続けることができる社会の実現に向けて企業が果たすべき役割を自覚しつつ、労働者の年齢構成の高齢化や年金制度の状況等も踏まえ、労使間で十分な協議を行いつつ、高年齢者の意欲及び能力に応じた雇用機会の確保等のために次の(1)から(7)までの諸条件の整備に努めるものとする。
　⑴　募集・採用に係る年齢制限の禁止
　　　労働者の募集・採用に当たっては、労働者の一人ひとりに、より均等な働く機会が与えられるよう、労働施策の総合的な推進並びに労働者の雇用の安定及び職業生活の充実等に関する法律（昭和41年法律第132号）において、募集・採用における年齢制限が禁止されているが、高年齢者の雇用の促進を目的として、60歳以上の高年齢者を募集・採用することは認められている。
　　　なお、労働施策の総合的な推進並びに労働者の雇用の安定及び職業生活の充実等に関する法律施行規則（昭和41年労働省令第23号）第1条の3第1項各号に該当する場合であって、上限年齢を設定するときには、法第20条第1項の規定に基づき、求職者に対してその理由を明示する。
　⑵　職業能力の開発及び向上
　　　高年齢者の有する知識、経験等を活用できる効果的な職業能力開発を推進するため、必要な職業訓練を実施する。その際には、公共職業能力開発施設・民間教育訓練機関において実施される職業訓練も積極的に活用する。
　⑶　作業施設の改善
　　　作業補助具の導入を含めた機械設備の改善、作業の平易化等作業

方法の改善、照明その他の作業環境の改善並びに福利厚生施設の導入及び改善を通じ、身体的機能の低下等に配慮することにより、体力等が低下した高年齢者が職場から排除されることを防ぎ、その職業能力を十分発揮できるように努める。

その際には、独立行政法人高齢・障害・求職者雇用支援機構（以下「機構」という。）が有する高年齢者のための作業施設の改善等に関する情報等の積極的な活用を図る。

(4) 高年齢者の職域の拡大

企業における労働者の年齢構成の高齢化に対応した職務の再設計を行うこと等により、身体的機能の低下等の影響が少なく、高年齢者の知識、経験、能力等が十分に活用できる職域の拡大に努める。

また、合理的な理由がないにもかかわらず、年齢のみによって高年齢者を職場から排除することのないようにする。

(5) 高年齢者の知識、経験等を活用できる配置、処遇の推進

高年齢者について、その意欲及び能力に応じた雇用機会を確保するため、職業能力を評価する仕組みや資格制度、専門職制度等の整備を行うことにより、その知識、経験等を活用することのできる配置、処遇を推進する。

(6) 勤務時間制度の弾力化

高齢期における就業希望の多様化や体力の個人差に対応するため、短時間勤務、隔日勤務、フレックスタイム制等を活用した勤務時間制度の弾力化を図る。

(7) 事業主の共同の取組の推進

高年齢者の雇用機会の開発を効率的に進めるため、同一産業や同一地域の事業主が、高年齢者の雇用に関する様々な経験を共有しつつ、労働者の職業能力開発の支援、職業能力を評価する仕組みの整備、雇用管理の改善等についての共同の取組を推進する。

2 再就職の援助等に関する指針

事業主は、解雇等により離職することとなっている高年齢者が再就

職を希望するときは、当該高年齢者が可能な限り早期に再就職することができるよう、当該高年齢者の在職中の求職活動や職業能力開発について、主体的な意思に基づき次の(1)から(4)までの事項に留意して積極的に支援すること等により、再就職の援助に努めるものとする。

(1) 再就職の援助等に関する措置の内容

再就職の援助等の対象となる高年齢者（以下「離職予定高年齢者」という。）に対しては、その有する職業能力や当該離職予定高年齢者から聴取した再就職に関する希望等を踏まえ、例えば、次のイからホまでの援助を必要に応じて行うよう努める。

　　イ　教育訓練の受講、資格試験の受験等求職活動のための休暇の付与

　　ロ　イの休暇日についての賃金の支給、教育訓練等の実費相当額の支給等在職中の求職活動に対する経済的な支援

　　ハ　求人の開拓、求人情報の収集・提供、関連企業等への再就職のあっせん

　　ニ　再就職に資する教育訓練、カウンセリング等の実施、受講等のあっせん

　　ホ　事業主間で連携した再就職の支援体制の整備

(2) 求職活動支援書の作成等

離職予定高年齢者については、求職活動支援書の交付希望の有無を確認し、当該離職予定高年齢者が希望するときは、その能力、希望等に十分配慮して、求職活動支援書を速やかに作成・交付する。交付が義務付けられていない定年退職者等の離職予定高年齢者についても、当該離職予定高年齢者が希望するときは、求職活動支援書を作成・交付するよう努める。

求職活動支援書を作成するときは、あらかじめ再就職援助に係る基本的事項について、労働者の過半数で組織する労働組合がある場合においてはその労働組合、労働者の過半数で組織する労働組合がない場合においては労働者の過半数を代表する者と十分な協議を行

うとともに、求職活動支援書の交付希望者本人から再就職及び在職中の求職活動に関する希望を十分聴取する。

なお、求職活動支援書を作成する際には、当該交付希望者が有する豊富な職業キャリアを記載することができるジョブ・カード（職業能力開発促進法（昭和44年法律第64号）第15条の4第1項に規定する職務経歴等記録書をいう。）の様式を積極的に活用する。

(3) 公共職業安定所等による支援の積極的な活用等

求職活動支援書の作成その他の再就職援助等の措置を講ずるに当たっては、必要に応じ、公共職業安定所等に対し、情報提供その他の助言・援助を求めるとともに、公共職業安定所が在職中の求職者に対して実施する職業相談や、地域における関係機関との連携の下で事業主団体等が行う再就職援助のための事業を積極的に活用する。

また、公共職業安定所の求めに応じ、離職予定高年齢者の再就職支援に資する情報の提供を行う等、公共職業安定所との連携及び協力に努める。

(4) 助成制度の有効な活用

求職活動支援書の作成・交付を行うことにより、離職予定高年齢者の再就職援助を行う事業主等に対する雇用保険制度に基づく助成制度の有効な活用を図る。

3 職業生活の設計の援助に関する指針

事業主は、その雇用する労働者が、様々な変化に対応しつつキャリア形成を行い、高齢期に至るまで職業生活の充実を図ることができるよう、次の(1)及び(2)の事項の実施を通じて、その高齢期における職業生活の設計について効果的な援助を行うよう努めるものとする。

この場合において、労働者が就業生活の早い段階から将来の職業生活を考えることができるよう、情報の提供等に努める。

(1) 職業生活の設計に必要な情報の提供、相談等

職業生活の設計に関し必要な情報の提供を行うとともに、職業能力開発等に関するきめ細かな相談を行い、労働者自身の主体的な判

断及び選択によるキャリア設計を含めた職業生活の設計が可能となるよう配慮する。

また、労働者が職業生活の設計のために企業の外部における講習の受講その他の活動を行う場合に、勤務時間等について必要な配慮を行う。

(2) 職業生活設計を踏まえたキャリア形成の支援

労働者の職業生活設計の内容を必要に応じ把握しつつ、職業能力開発に対する援助を行う等により、当該労働者の希望や適性に応じたキャリア形成の支援を行う。

第4 高年齢者の職業の安定を図るための施策の基本となるべき事項

1 高年齢者雇用確保措置等（法第9条第1項に規定する高年齢者雇用確保措置及び法第10条の2第4項に規定する高年齢者就業確保措置をいう。以下同じ。）の円滑な実施を図るための施策の基本となるべき事項

国は、高年齢者雇用確保措置等が各企業の労使間での十分な協議の下に適切かつ有効に実施されるよう、次の(1)から(5)までの事項に重点をおいて施策を展開する。

(1) 高年齢者雇用確保措置等の実施及び運用に関する指針の周知徹底

65歳未満定年の定めのある企業において、65歳までの高年齢者雇用確保措置の速やかな実施、希望者全員の65歳までの安定した雇用の確保に関する自主的かつ計画的な取組が促進されるよう、法第9条第3項の規定に基づく高年齢者雇用確保措置の実施及び運用に関する指針（平成24年厚生労働省告示第560号）の内容について、その周知徹底を図る。

また70歳未満定年の定めのある企業又は70歳未満を上限年齢とする継続雇用制度を導入している企業において、70歳までの高年齢者就業確保措置の実施に向けた自主的かつ計画的な取組が促進されるよう、法第10条の2第4項の規定に基づく高年齢者就業確保措

置の実施及び運用に関する指針（令和2年厚生労働省告示第351号）の内容について、その周知徹底を図る。

(2) 高年齢者雇用確保措置等に係る指導等

都道府県労働局及び公共職業安定所においては、全ての企業において高年齢者雇用確保措置が講じられるよう、周知の徹底や企業の実情に応じた指導等に積極的に取り組む。

その際、特に、企業の労使間で合意され、実施又は計画されている高年齢者雇用確保措置に関する好事例その他の情報の収集及びその効果的な提供に努める。

また、高年齢者雇用確保措置の実施に係る指導を繰り返し行ったにもかかわらず何ら具体的な取組を行わない企業には勧告書を発出し、勧告に従わない場合には企業名の公表を行い、各種法令等に基づき、公共職業安定所での求人の不受理・紹介保留、助成金の不支給等の措置を講じる。

高年齢者就業確保措置は、令和2年改正により新たに設けられた努力義務であり、また、高年齢者雇用確保措置とは異なる創業支援等措置を新たな選択肢として規定していることから、まずは、制度の趣旨や内容の周知徹底を主眼とする啓発及び指導を行うとともに、企業の労使間で合意され、実施又は計画されている高年齢者就業確保措置に関する好事例その他の情報の収集及びその効果的な提供に努める。また、雇用時における業務と、内容及び働き方が同様の業務を創業支援等措置と称して行わせるなど、令和2年改正の趣旨に反する措置を講ずる事業主に対しては、措置の改善等のための指導等を行う。

(3) 継続雇用される高年齢者の待遇の確保

継続雇用により定年後も働く高年齢者について、短時間労働者及び有期雇用労働者の雇用管理の改善等に関する法律（平成5年法律第76号）に基づき、雇用形態にかかわらない公正な待遇の確保が図られるよう、事業主への支援や指導を適切に行う。

265

また、高年齢者のモチベーションや納得性に配慮した、能力及び成果を重視する評価・報酬体系の構築を進める事業主等に対する助成や相談・援助等を適切に行う。

さらに、雇用保険法等の一部を改正する法律（令和2年法律第14号）により、令和7年度から新たに60歳となる高年齢労働者への高年齢雇用継続給付が縮小されることについて、事業主を含めた周知を十分な時間的余裕をもって行う。高年齢雇用継続給付の見直しに当たって、雇用形態にかかわらない公正な待遇の確保を推進する等の観点から、高年齢労働者の処遇の改善に向けて先行して取り組む事業主に対する支援策とともに、同給付の給付率の縮小後の激変緩和措置についても併せて講じていくことについて、検討を進める。

(4) 高年齢者雇用アドバイザーとの密接な連携

企業が高年齢者雇用確保措置等のいずれかを講ずるに当たり高年齢者の職業能力の開発及び向上、作業施設の改善、職務の再設計や賃金・人事処遇制度の見直し等を行う場合において、機構に配置されている高年齢者雇用アドバイザーが専門的・技術的支援を有効に行うことができるよう、公共職業安定所は、適切な役割分担の下で、機構と密接な連携を図る。

(5) 助成制度の有効な活用等

高年齢者の雇用の機会の増大に資する措置や高年齢者就業確保措置を講ずる事業主等に対する助成制度の有効な活用を図るとともに、必要に応じて、当該助成制度について必要な見直しを行う。

2 高年齢者の再就職の促進のための施策の基本となるべき事項

(1) 再就職の援助等に関する指針の周知徹底

企業において、離職予定高年齢者に対する在職中の求職活動の援助等に関する自主的な取組が促進されるよう、第3の2の内容について、その周知徹底を図る。

(2) 公共職業安定所による求職活動支援書に係る助言・指導

離職予定高年齢者については、法により事業主に義務付けられて

いる高年齢者雇用状況等報告や多数離職届、事業主からの雇用調整の実施に関する相談や本人からの再就職に関する相談等を通じてその把握に努め、また、離職予定高年齢者が希望した場合には求職活動支援書の交付が事業主に義務付けられていることについての十分な周知徹底を図る。

さらに、求職活動支援書の交付が義務付けられていない定年退職等の離職予定者についても、求職活動支援書の自主的な作成・交付及びこれに基づく計画的な求職者支援を実施するよう事業主に対して啓発を行う。

なお、離職予定高年齢者の的確な把握に資するため各事業所における定年制の状況や解雇等の実施に係る事前把握の強化を図るほか、法において高年齢者雇用状況等報告や多数離職届の提出が事業主に義務付けられていることについての十分な周知徹底を図る。

(3) 助成制度の有効な活用等

在職中の求職活動を支援する事業主に対する助成制度の有効な活用を図るとともに、高年齢者の円滑な労働移動の支援を図る。また、高年齢者の雇用等の実情を踏まえた当該助成制度の必要な見直しに努める。

(4) 公共職業安定所による再就職支援

公共職業安定所において、求職活動支援書の提示を受けたときは、その記載内容を十分参酌しつつ、可能な限り早期に再就職することができるよう、職務経歴書の作成支援等、的確な職業指導・職業紹介及び個別求人開拓を実施する。

また、全国の主要な公共職業安定所に「生涯現役支援窓口」を設置し、特に65歳以上の高年齢求職者に対して職業生活の再設計に係る支援や支援チームによる就労支援を重点的に実施する。

加えて、在職中に再就職先が決定せず失業するに至った高年齢者については、その原因の的確な把握に努めつつ、必要に応じて職業生活の再設計に係る支援や担当者制による就労支援を行う等、効果

的かつ効率的な職業指導・職業紹介を実施し、早期の再就職の促進に努める。

特に、有期契約労働者であった離職者については、離職・転職が繰り返されるおそれがあることから、公共職業安定所におけるマッチング支援、担当者制によるきめ細かな支援等の活用により、早期の再就職の促進に努める。

さらに、事業主に対して、機構と連携し、求職活動支援書の作成等に必要な情報提供等を行う。

(5) 募集・採用に係る年齢制限の禁止に関する指導、啓発等

高年齢者の早期再就職を図るため、積極的な求人開拓を行う。また、高年齢者に対する求人の増加を図り、年齢に係る労働力需給のミスマッチを緩和するため、募集・採用に係る年齢制限の禁止について、民間の職業紹介事業者の協力も得つつ、指導・啓発を行うとともに、労働者の募集・採用に当たって上限年齢を設定する事業主がその理由を求職者に提示しないときや当該理由の内容に関し必要があると認めるときには、事業主に対して報告を求め、助言・指導・勧告を行う。

3 その他高年齢者の職業の安定を図るための施策の基本となるべき事項

(1) 生涯現役社会の実現に向けた取組

生涯現役社会の実現を目指すため、高齢期を見据えた職業能力開発や健康管理について、労働者自身の意識の改善と取組や企業の取組への支援を行うほか、多様な就業ニーズに対応した雇用・就業機会の確保等の環境整備を図る。

また、生涯現役社会の実現に向けて、国民各層の意見を幅広く聴きながら、当該社会の在り方やそのための条件整備について検討するなど、社会的な気運の醸成を図る。

このため、都道府県労働局及び公共職業安定所においては、機構その他の関係団体と密接な連携を図りつつ、各企業の実情に応じ

て、定年の引上げ、継続雇用制度の導入、定年の定めの廃止等によって、年齢にかかわりなく雇用機会が確保されるよう周知するなど必要な支援に積極的に取り組む。

また、機構その他の関係団体においては、年齢にかかわりなく働ける企業の普及及び促進を図るため、都道府県労働局等との連携を図りつつ、事業主のほか国民各層への啓発などの必要な取組を進める。

(2)　高齢期の職業生活設計の援助

労働者が、早い段階から自らのキャリア設計を含めた職業生活の設計を行い、高齢期において、多様な働き方の中から自らの希望と能力に応じた働き方を選択し、実現できるようにすることが重要である。このため、公共職業安定所等が行う高齢期における職業生活の設計や再就職のためのキャリアの棚卸しに係る相談・援助等の利用を勧奨するとともに、事業主がその雇用する労働者に対して、高齢期における職業生活の設計について効果的な援助を行うよう、第3の3の趣旨の周知徹底等により啓発及び指導に努める。

また、個々の労働者がそのキャリア設計に沿った職業能力開発を推進できるよう、相談援助体制の整備に努める。

(3)　各企業における多様な職業能力開発の機会の確保

労働者が高齢期においても急激な経済社会の変化に的確かつ柔軟に対応できるよう、教育訓練の実施、教育訓練休暇の付与等を行う事業主に対して必要な援助を行い、各企業における労働者の希望、適性等を考慮した職業能力開発の機会を確保する。

(4)　職業能力の適正な評価等の促進

高年齢者の職業能力が適正に評価され、当該評価に基づく適正な処遇が行われることを促進するため、各企業における職業能力を評価する仕組みの整備に関し、必要な情報の収集、整理及び提供に努める。また、技能検定制度等労働者の職業能力の公正な評価に資する制度の整備を図る。

(5) 教育訓練給付制度の周知徹底及び有効な活用

　　高年齢者の主体的な職業能力開発を支援するため、雇用保険制度に基づく教育訓練給付制度の周知徹底及びその有効な活用を図る。

(6) 労働時間対策の推進

　　高年齢者の雇用機会の確保、高年齢者にも働きやすい職場環境の実現等に配慮しつつ、所定外労働時間の削減、年次有給休暇の取得促進及びフレックスタイム制等の普及促進を重点に労働時間対策を推進する。

(7) 高年齢者の安全衛生対策

　　高年齢者の労働災害防止対策、高年齢者が働きやすい快適な職場づくり及び高年齢者の健康確保対策を推進する。

　　また、高年齢労働者の労働災害を防止するため「高年齢労働者の安全と健康確保のためのガイドライン」の周知徹底を図るとともに、創業支援等措置による就業についても、同ガイドラインを参考とするよう周知・広報する。

(8) 多様な形態による雇用・就業機会の確保

　　定年退職後等に、臨時的・短期的又は軽易な就業を希望する高年齢者に対しては、地域の日常生活に密着した仕事を提供するシルバー人材センター事業の活用を推進する。

　　雇用保険法等の一部を改正する法律（平成28年法律第17号）による法の改正（以下「平成28年改正」という。）により、シルバー人材センターにおける業務について、都道府県知事が市町村ごとに指定する業種等においては、高年齢者に労働者派遣事業又は職業紹介事業を行う場合に限り、労働時間が週40時間までの就業の機会を提供すること等ができるよう、業務範囲を拡大したところであり、当該平成28年改正に基づいた対応を引き続き行う。

(9) 高年齢者の起業等に対する支援

　　高年齢者の能力の有効な発揮を幅広く推進する観点から、高年齢者が起業等により自ら就業機会を創出する場合に対して必要な支援

を行う。

⑽　地域における高年齢者の雇用・就業支援

　　事業主団体と公共職業安定所の協力の下、企業及び高年齢者の
ニーズに合ったきめ細かな技能講習や面接会等を一体的に実施する
ことにより、高年齢者の雇用・就業を支援する。

　　また、平成 28 年改正により創設された生涯現役促進地域連携事
業により、高年齢者の雇用・就業促進に向けた地域の取組みを支援
する。

⑾　雇用管理の改善の研究等

　　高年齢者の就業機会の着実な増大、高年齢者の雇用の安定等を図
り、また、生涯現役社会の実現に向けた環境整備を進めるため、必
要な調査研究を行うとともに、企業において取り組まれている高年
齢者の活用に向けた積極的な取組事例を収集及び体系化し、各企業
における活用を促進する。また、高年齢者雇用状況等報告等に基づ
き、高年齢者の雇用等の状況等の毎年度定期的な把握及び分析に努
め、その結果を公表する。さらに、国際的に高年齢者の雇用に係る
情報交換等を推進するとともに、年齢差別禁止等、高年齢者の雇用
促進の観点について、さらに検討を深める。

巻末付録

◆高年齢者就業確保措置の実施及び運用に関する指針

○厚生労働省告示第三百五十一号

　高年齢者等の雇用の安定等に関する法律（昭和四十六年法律第六十八号）第十条の二第四項の規定に基づき、高年齢者就業確保措置の実施及び運用に関する指針を次のように定め、令和三年四月一日から適用することとしたので、同条第五項において準用する同法第六条第四項の規定に基づき、告示する。

　　　令和二年十月三十日

　　　　　　　　　　　　　　厚生労働大臣　　田村　　憲久

　　　高年齢者就業確保措置の実施及び運用に関する指針

第1　趣旨

　　この指針は、高年齢者等の雇用の安定等に関する法律（昭和46年法律第68号。以下「法」という。）第10条の2第4項の規定に基づき、事業主がその雇用する高年齢者（法第9条第2項の契約に基づき、当該事業主と当該契約を締結した特殊関係事業主に現に雇用されている者を含み、高年齢者等の雇用の安定等に関する法律施行規則（昭和46年労働省令第24号）第4条の4に規定する者を除く。以下同じ。）の65歳から70歳までの安定した雇用の確保その他就業機会の確保のため講ずべき法第10条の2第4項に規定する高年齢者就業確保措置（定年の引上げ、65歳以上継続雇用制度（その雇用する高年齢者が希望するときは、当該高年齢者をその定年後等（定年後又は継続雇用制度の対象となる年齢の上限に達した後をいう。以下同じ。）も引き続いて雇用する制度をいう。以下同じ。）の導入、定年の定めの廃止又は創業支援等措置をいう。以下同じ。）に関し、その実施及び運用を図るために必要な事項を定めたものである。

第2　高年齢者就業確保措置の実施及び運用

　　65歳以上70歳未満の定年の定めをしている事業主又は継続雇用制度（高年齢者を70歳以上まで引き続いて雇用する制度を除く。以下同じ。）

を導入している事業主は、高年齢者就業確保措置に関して、労使間で十分な協議を行いつつ、次の1から5までの事項について、適切かつ有効な実施に努めるものとする。

1 高年齢者就業確保措置

　事業主は、高年齢者がその意欲と能力に応じて70歳まで働くことができる環境の整備を図るため、法に定めるところに基づき、高年齢者就業確保措置のいずれかを講ずることにより65歳から70歳までの安定した就業を確保するよう努めなければならない。

　高年齢者就業確保措置を講ずる場合には、次の(1)から(4)までの事項に留意すること。

(1) 努力義務への対応

　イ　継続雇用制度に基づいて特殊関係事業主に雇用されている高年齢者については、原則として、当該高年齢者を定年まで雇用していた事業主が高年齢者就業確保措置を講ずること。

　　ただし、当該事業主と特殊関係事業主で協議を行い、特殊関係事業主が高年齢者就業確保措置を講ずることも可能であること。その際には、特殊関係事業主が高年齢者就業確保措置を講ずる旨を法第10条の2第3項の契約に含めること。

　ロ　一の措置により70歳までの就業機会を確保するほか、複数の措置を組み合わせることにより65歳から70歳までの就業機会を確保することも可能であること。

(2) 労使間での協議

　イ　高年齢者就業確保措置のうちいずれの措置を講ずるかについては、労使間で十分に協議を行い、高年齢者のニーズに応じた措置が講じられることが望ましいこと。

　ロ　雇用による措置（法第10条の2第1項各号に掲げる措置をいう。以下同じ。）に加えて創業支援等措置（同条第2項の創業支援等措置をいう。以下同じ。）を講ずる場合には、雇用による措置により努力義務を実施していることとなるため、創業支援等措

273

置を講ずるに当たり、同条第1項の同意を得る必要はないが、過半数労働組合等（労働者の過半数で組織する労働組合がある場合においてはその労働組合を、労働者の過半数で組織する労働組合がない場合においては労働者の過半数を代表する者をいう。以下同じ。）の同意を得た上で創業支援等措置を講ずることが望ましいこと。

ハ　高年齢者就業確保措置のうち複数の措置を講ずる場合には、個々の高年齢者にいずれの措置を適用するかについて、個々の労働者の希望を聴取し、これを十分に尊重して決定すること。

(3)　対象者基準

イ　高年齢者就業確保措置を講ずることは、努力義務であることから、措置（定年の延長及び廃止を除く。）の対象となる高年齢者に係る基準（以下「対象者基準」という。）を定めることも可能とすること。

ロ　対象者基準の策定に当たっては、労使間で十分に協議の上、各企業等の実情に応じて定められることを想定しており、その内容については原則として労使に委ねられるものであり、当該対象者基準を設ける際には、過半数労働組合等の同意を得ることが望ましいこと。

ただし、労使間で十分に協議の上で定められたものであっても、事業主が恣意的に高年齢者を排除しようとするなど法の趣旨や、他の労働関係法令に反する又は公序良俗に反するものは認められないこと。

(4)　その他留意事項

イ　高年齢者の健康及び安全の確保のため、高年齢者就業確保措置により働く高年齢者について、「高年齢労働者の安全と健康確保のためのガイドライン」を参考に就業上の災害防止対策に積極的に取り組むよう努めること。

ロ　高年齢者が従前と異なる業務等に従事する場合には、必要に応

じて新たに従事する業務に関する研修、教育又は訓練等を事前に実施することが望ましいこと。

2 65歳以上継続雇用制度

65歳以上継続雇用制度を導入する場合には、次の(1)から(4)までの事項に留意すること。

(1) 65歳以上継続雇用制度を導入する場合において法第10条の2第3項に規定する他の事業主により雇用を確保しようとするときは、事業主は、当該他の事業主との間で、当該雇用する高年齢者を当該他の事業主が引き続いて雇用することを約する契約を締結する必要があること。

(2) 他の事業主において継続して雇用する場合であっても、可能な限り個々の高年齢者のニーズや知識・経験・能力等に応じた業務内容及び労働条件とすべきことが望ましいこと。

(3) 他の事業主において、継続雇用されることとなる高年齢者の知識・経験・能力に係るニーズがあり、これらが活用される業務があるかについて十分な協議を行った上で、(1)の契約を締結する必要があること。

(4) 心身の故障のため業務に堪えられないと認められること、勤務状況が著しく不良で引き続き従業員としての職責を果たし得ないこと等就業規則に定める解雇事由又は退職事由（年齢に係るものを除く。以下同じ。）に該当する場合には、継続雇用しないことができること。

就業規則に定める解雇事由又は退職事由と同一の事由を、継続雇用しないことができる事由として、解雇や退職の規定とは別に、就業規則に定めることもできること。また、当該同一の事由について、65歳以上継続雇用制度の円滑な実施のため、労使が協定を締結することができること。

ただし、継続雇用しないことについては、客観的に合理的な理由があり、社会通念上相当であることが求められると考えられること。

巻末付録

3　創業支援等措置

　創業支援等措置を講ずる場合には、次の(1)から(3)までの事項に留意すること。

(1)　措置の具体的な内容

　　イ　法第10条の2第2項第2号ロ又はハに掲げる事業に係る措置を講じようとするときは、事業主は、社会貢献事業を実施する者との間で、当該者が当該措置の対象となる高年齢者に対して当該事業に従事する機会を提供することを約する契約を締結する必要があること。

　　ロ　法第10条の2第2項第2号ハの援助は、資金の提供のほか、法人その他の団体が事務を行う場所を提供又は貸与すること等が考えられること。

　　ハ　法第10条の2第2項第2号に掲げる社会貢献事業は、社会貢献活動その他不特定かつ多数の者の利益の増進に寄与することを目的とする事業である必要があり、特定又は少数の者の利益に資することを目的とした事業は対象とならないこと。

　　　　また、特定の事業が不特定かつ多数の者の利益の増進に寄与することを目的とする事業に該当するかについては、事業の性質や内容等を勘案して個別に判断されること。

　　ニ　雇用時における業務と、内容及び働き方が同様の業務を創業支援等措置と称して行わせることは、法の趣旨に反するものであること。

(2)　過半数労働組合等の合意に係る留意事項

　　イ　過半数労働組合等に対して、創業支援等措置による就業は労働関係法令による労働者保護が及ばないことから、高年齢者等の雇用の安定等に関する法律施行規則第4条の5第1項に規定する創業支援等措置の実施に関する計画（以下「実施計画」という。）に記載する事項について定めるものであること及び当該措置を選択する理由を十分に説明すること。

276

ロ　実施計画に記載する事項については、次に掲げる点に留意すること。

①　業務の内容については、高年齢者のニーズを踏まえるとともに、高年齢者の知識・経験・能力等を考慮した上で決定し、契約内容の一方的な決定や不当な契約条件の押し付けにならないようにすること。

②　高年齢者に支払う金銭については、業務の内容や当該業務の遂行に必要な知識・経験・能力、業務量等を考慮したものとすること。

また、支払期日や支払方法についても記載し、不当な減額や支払を遅延しないこと。

③　個々の高年齢者の希望を踏まえつつ、個々の業務の内容・難易度や業務量等を考慮し、できるだけ過大又は過小にならないよう適切な業務量や頻度による契約を締結すること。

④　成果物の受領に際しては、不当な修正、やり直しの要求又は受領拒否を行わないこと。

⑤　契約を変更する際には、高年齢者に支払う金銭や納期等の取扱いを含め労使間で十分に協議を行うこと。

⑥　高年齢者の安全及び衛生の確保に関して、業務内容を高年齢者の能力等に配慮したものとするとともに、創業支援等措置により就業する者について、同種の業務に労働者が従事する場合における労働契約法に規定する安全配慮義務をはじめとする労働関係法令による保護の内容も勘案しつつ、当該措置を講ずる事業主が委託業務の内容・性格等に応じた適切な配慮を行うことが望ましいこと。

また、業務委託に際して機械器具や原材料等を譲渡し、貸与し、又は提供する場合には、当該機械器具や原材料による危害を防止するために必要な措置を講ずること。

さらに、業務の内容及び難易度、業務量、納期等を勘案し、

作業時間が過大とならないように配慮することが望ましいこと。

⑦　法第10条の2第2項第2号ハに掲げる事業に高年齢者が従事する措置を講ずる場合において、事業主から当該事業を実施する者に対する個々の援助が、社会貢献事業の円滑な実施に必要なものに該当すること。

⑧　創業支援等措置は、労働契約によらない働き方となる措置であることから、個々の高年齢者の働き方についても、業務の委託を行う事業主が指揮監督を行わず、業務依頼や業務従事の指示等に対する高年齢者の諾否の自由を拘束しない等、労働者性が認められるような働き方とならないよう留意すること。

ハ　実施計画に記載した内容に沿って、個々の高年齢者の就業機会が確保されるよう努める必要があること。

(3)　その他留意事項

イ　創業支援等措置により導入した制度に基づいて個々の高年齢者と契約を締結する際には、書面により契約を締結すること。なお、その際には、高年齢者の雇用の安定等に関する法律施行規則第4条の5第2項第2号に掲げる事項について、個々の高年齢者との契約における就業条件を記載すること。

また、この際、当該高年齢者に対して実施計画を記載した書面を交付するとともに、創業支援等措置による就業は労働関係法令による労働者保護が及ばないことから実施計画に記載する事項について定めるものであること及び当該措置を選択する理由を丁寧に説明し、納得を得る努力をすること。

ロ　創業支援等措置により就業する高年齢者が、委託業務に起因する事故等により被災したことを当該措置を講ずる事業主が把握した場合には、当該事業主が当該高年齢者が被災した旨を厚生労働大臣に報告することが望ましいこと。

また、同種の災害の再発防止対策を検討する際に当該報告を活用することが望ましいこと。

ハ　契約に基づく業務の遂行に関して高年齢者から相談がある場合
　　には誠実に対応すること。

ニ　心身の故障のため業務に堪えられないと認められること、業務
　　の状況が著しく不良で引き続き業務を果たし得ないこと等実施計
　　画に定める契約解除事由又は契約を更新しない事由（年齢に係る
　　ものを除く。）に該当する場合には、契約を継続しないことがで
　　きること。

　　　なお、契約を継続しないことについては、客観的に合理的な理
　　由があり、社会通念上相当であることが求められると考えられる
　　こと。

　　　また、契約を継続しない場合は、事前に適切な予告を行うこと
　　が望ましいこと。

4　賃金・人事処遇制度の見直し

　高年齢者就業確保措置を適切かつ有効に実施し、高年齢者の意欲及
び能力に応じた就業の確保を図るために、賃金・人事処遇制度の見直
しが必要な場合には、次の(1)から(7)までの事項に留意すること。

(1)　年齢的要素を重視する賃金・処遇制度から、能力、職務等の要素
　を重視する制度に向けた見直しに努めること。この場合において
　は、当該制度が、制度を利用する高年齢者の就業及び生活の安定に
　も配慮した計画的かつ段階的なものとなるよう努めること。

(2)　高年齢者就業確保措置において支払われる金銭については、制度
　を利用する高年齢者の就業の実態、生活の安定等を考慮し、業務内
　容に応じた適切なものとなるよう努めること。

(3)　短時間や隔日での就業制度など、高年齢者の希望に応じた就業形
　態が可能となる制度の導入に努めること。

(4)　65歳以上継続雇用制度又は創業支援等措置を導入する場合におい
　て、契約期間を定めるときには、高年齢者就業確保措置が70歳ま
　での就業の確保を事業主の努力義務とする制度であることに鑑み、
　70歳前に契約期間が終了する契約とする場合には、70歳までは契

約更新ができる措置を講ずるよう努めることとし、その旨を周知するよう努めること。また、むやみに短い契約期間とすることがないように努めること。

(5) 職業能力を評価する仕組みの整備とその有効な活用を通じ、高年齢者の意欲及び能力に応じた適正な配置及び処遇の実現に努めること。

(6) 勤務形態や退職時期の選択を含めた人事処遇について、個々の高年齢者の意欲及び能力に応じた多様な選択が可能な制度となるよう努めること。この場合においては、高年齢者の雇用の安定及び円滑なキャリア形成を図るとともに、企業における人事管理の効率性を確保する観点も踏まえつつ、就業生活の早い段階からの選択が可能となるよう勤務形態等の選択に関する制度の整備を行うこと。

(7) 事業主が導入した高年齢者就業確保措置（定年の引上げ及び定年の定めの廃止を除く。）の利用を希望する者の割合が低い場合には、労働者のニーズや意識を分析し、制度の見直しを検討すること。

5 高年齢者雇用アドバイザー等の有効な活用

　高年齢者就業確保措置のいずれかを講ずるに当たって、高年齢者の職業能力の開発及び向上、作業施設の改善、職務の再設計や賃金・人事処遇制度の見直し等を図るため、独立行政法人高齢・障害・求職者雇用支援機構に配置されている高年齢者雇用アドバイザーや雇用保険制度に基づく助成制度、公益財団法人産業雇用安定センターにおける他の事業主とのマッチング支援等の有効な活用を図る。

【参考資料】

- ・柳澤武『高年齢者雇用の法政策　―歴史と展望』（日本労働研究雑誌、平成 28 年）
- ・水町勇一郎『「同一労働同一賃金」のすべて』（有斐閣、平成 30 年）
- ・今野浩一郎『高齢社員の人事管理　戦力化のための仕事・評価・賃金』（中央経済社、平成 30 年 4 月）
- ・岩崎仁弥、森紀男『リスク回避型就業規則・諸規程作成マニュアル 7 訂版』（日本法令、令和元年）
- ・石崎信憲『就業規則の法律実務　第 5 版』（中央経済社、令和 2 年）
- ・向井蘭『改訂版 書式と就業規則はこう使え！』（労働調査会出版局、令和 3 年）
- ・菅野和夫『労働法　第 13 版』（法律学講座双書、令和 6 年）
- ・大内伸哉『最新重要判例 200 労働法 第 8 版』（弘文堂、令和 6 年）
- ・ヘンリー・ミンツバーグ、ブルース・アルストランド、ジョセフ・ランペル『戦略サファリ　第 2 版』（東洋経済新報社、平成 24 年）
- ・楠木建『ストーリーとしての競争戦略　―優れた戦略の条件』（東洋経済新報社、平成 22 年）
- ・清水勝彦『戦略と実行』（日経 BP、平成 21 年）

■著者略歴

川嶋　英明（かわしま　ひであき）

社会保険労務士。社労士だった叔父の病気を機に猛勉強して社労士に。その後、亡くなった叔父の跡を継ぐ形で、2013年に愛知県名古屋市にて社会保険労務士川嶋事務所を開業。就業規則作成変更・労務相談を中心に社労士業務を行う傍ら、「いい会社」を支援するためのコンサルティングファーム「TNC」のメンバーとしても活動中。著書に『「働き方改革法」の実務』『就業規則作成・書換のテクニック』（いずれも日本法令）、共著に『奇跡の会社 障がい者雇用率100％の株式会社がなぜ業界トップクラスであり続けるのか（あさ出版）』のほか『中日新聞』『ビジネスガイド』など執筆実績多数。

高年齢労働者の労務管理と
戦略的活用法　　　　　　　　　　令和7年4月1日　初版発行

検印省略

著　者　川　嶋　英　明
発行者　青　木　鉱　太
編集者　岩　倉　春　光
印刷所　日本ハイコム
製本所　国　宝　社

 日本法令®

〒101－0032
東京都千代田区岩本町1丁目2番19号
https://www.horei.co.jp/

（営　業）　TEL　03-6858-6967　　Eメール　syuppan@horei.co.jp
（通　販）　TEL　03-6858-6966　　Eメール　book.order@horei.co.jp
（編　集）　FAX　03-6858-6957　　Eメール　tankoubon@horei.co.jp

（オンラインショップ）　https://www.horei.co.jp/iec/
（お詫びと訂正）　　　　https://www.horei.co.jp/book/owabi.shtml
（書籍の追加情報）　　　https://www.horei.co.jp/book/osirasebook.shtml

※万一、本書の内容に誤記等が判明した場合には、上記「お詫びと訂正」に最新情報を掲載
しております。ホームページに掲載されていない内容につきましては、FAXまたはEメー
ルで編集までお問合せください。

・乱丁、落丁本は直接弊社出版部へお送りくださればお取替えいたします。

・JCOPY 〈出版者著作権管理機構 委託出版物〉
本書の無断複製は著作権法上での例外を除き禁じられています。複製される場合は、その
つど事前に、出版者著作権管理機構（電話 03-5244-5088、FAX 03-5244-5089、
e-mail: info@jcopy.or.jp）の許諾を得てください。また、本書を代行業者等の第三者に依頼
してスキャンやデジタル化することは、たとえ個人や家庭内での利用であっても一切認め
られておりません。

© H. Kawashima 2025. Printed in JAPAN
ISBN 978-4-539-73097-3

訴訟リスクを回避する"3大労使トラブル"円満解決の実践的手法
－ハラスメント・復職トラブル・残業代請求

弁護士法人 咲くやこの花法律事務所
弁護士 西川 暢春 弁護士 井田 瑞輝 弁護士 木澤 愛子 共著
A5判・240頁 定価2,750円（本体2,500円＋税）

多くの企業の顧問弁護士として活躍する弁護士3名が、職場内のパワハラトラブル、私傷病休職からの復帰可否をめぐるトラブル、未払い残業代トラブルについて、実際に問題が起きてしまった際に、訴訟に発展させずに、合意による解決を実現する話合いの進め方を解説。『問題社員トラブル円満解決の実践的手法』、『労使トラブル円満解決のための就業規則・関連書式作成ハンドブック』の著者による、円満解決シリーズ待望の3作目！　　　　　　　　　　　　　　（R7年1月刊）

主な内容
●ハラスメントトラブルの円満解決　●復職をめぐるトラブルの円満解決（メンタルヘルス不調の事例を題材に）　●未払い残業代トラブルの円満解決

労使トラブル円満解決のための就業規則・関連書式 作成ハンドブック

弁護士　西川　暢春　著
B5判・1,296頁　定価9,680円（本体8,800円＋税）

本書は、就業規則について「そのまま使える規程例」（付属CD-ROM）を示したうえで、就業規則の文言の細部について裁判所がどのような判断をしているか、それを踏まえてどのように就業規則を作るべきなのかについて詳説しています。

また、就業規則の運用のために必要な実用性の高い労務関連書式を80掲載し、これらについても裁判例を示しながら詳細に解説します。　　　　　　　　　　　　　　（R5年11月刊）

主な内容
●労使紛争予防のためにどんな就業規則を作るべきか　●円満解決志向型就業規則の解説　●意見聴取と周知　●就業規則の効力とその制限　●円満解決志向型労務関連書式とその解説

8訂版 リスク回避型就業規則・諸規程作成マニュアル

特定社会保険労務士　岩﨑 仁弥　森 紀男　共著
B5判・1,200頁　定価9,900円（本体9,000円＋税）

働き方改革は一段と進み、働き方全般に対する社会的認識の変化、労働時間や場所に対する制約の減少、同一労働同一賃金に関する最高裁判決を受けた賃金制度や福利厚生の見直しなどを背景に、働き方全般に関する議論が活発化しています。このような状況の中で、就業規則の役割も変わる必要があります。

本書は、これらの変化に対応するための具体的な指針を提供し、企業のリーダー、人事担当者、社会保険労務士、そして働くすべての人々にとって、新しい時代への適応を助ける道しるべとなる、『就業規則のスタンダード』です！　　　　　　　　　　　（R6年7月刊）

主な内容
●リスク回避型就業規則とは何か　●労契法・労基法と就業規則　●パート・契約社員就業規則の留意点　●行政官庁への届出　●法令用語の使い方　●就業規則の診断方法　●モデル就業規則　●社内様式ひな形　●パート・契約社員就業規則　●別程程例　●労使協定等例　【付録】就業規則・簡易版就業規則、各種社内様式、別規程、労使協定等をWordデータで収録したCD-ROM

書籍のご注文は株式会社日本法令　出版課通信販売係または大型書店、Web書店まで
Tel：03-6858-6966　　Fax：03-6858-6968